가고

옴

그리고

오고 감의

흔적

華嚴의 순례자

Veronica 素淨 禪門 함종임

| 잔잔함으로 드는 길 |

긴 여행 그리고 마침표

그랬다 참 지독한 열병 앓이였다
원치 않는 상처를 내었고 그런 삶을 뜨겁게 사랑했다
어쩌면 그래서 더 아팠는지도

메신저 그대 그리고 퍼즐의 나
화엄이라는 미션으로 다가온 선택
그로인한 작용에 따르는 반응
늘 과부화는 정보입력의 오류로 버퍼링을 수반했다
그러한 대가로
어느 순간 불현듯 그 힘든 시간들이
윤회의 재설정 반복을 삭제하기 위한 테스트임을 깨달았을 때
비로소 입 속에 매화가 피기 시작했다

예시로 진열된 과제에서 오로지 나의 선택은 시절인연이었고
인연이 다하면 데이터는 로밍을 멈추어
화엄순례도 마치게 된다는 단순함을 깨닫기 까지
살아 가면서 혹은 살아 내면서 얼마나 많은

선택이라는 기로에서 망설여야 했었던지, 돌아보면
어쩌면 사십대라는 십여년의 시간들이 나를 완성하였던 것 같다
가장 아프고 강렬했고 치열한 그래서 더 아름다웠던

하여 이제
마치 선재동자가 여러 불보살님들을 만나며 길을 물었듯,
길고 길었던 화엄의 바다 이 순례길에 마침표를 찍으며
못난 경험을 내 놓는다 전생의 전생들과 현생의 인연으로 나투며
나의 여행길에 만났던 소소한 모든것 까지도 다 감사하다

함종임 시집 | 목차

• 잔잔함으로 드는 길

chapter 1 빅뱅
계절은 지금 하늘별자리에 태양 하나쯤 묻어도 좋을 시간

빅뱅의 서막 ― 12
초신성 폭발 그리고 별의 죽음 ― 14
자력과 촉매와의 상관성 ― 16
파사석탑의 순간이동 ― 18
백옥루의 북두칠성 전설 ― 20
가슴이 붙어있는 물꽃 ― 22
또 다른 별에서의 하루를 맞이 할 지도 모를 ― 24
거룩한 인연 ― 26

chapter 2 동굴 봉인 해제
이미 세팅된 인연을 위한 마무리 시간여행

누에고치의 줄탁동시 ― 30
태양의 탄생 ― 32
시지프스의 공 굴리기 ― 34
길을 묻다 노을에 ― 37
너 자유여 틀에 갇히지 말라 ― 39

그래, 사랑하게 놓아두자 — 41

침묵 속 소음 — 43

우리 어느 생에선가 만난 적 있지 않은지 — 45

시문에 새겨진 수채화 — 47

세상을 걷는 인연의 들숨 — 49

해질녘 산모롱이에서 쉬어보는 날숨 — 52

흰 바람이 나무의 노래를 부르며 — 54

chapter 3 무극에서 온 메모리칩
오래된 병풍 속 설화를 찾아서

홀로그램 혹은 스밈 — 58

입 속에 매화꽃이 피었다 — 60

Agapē의 寢殿 — 62

엇갈림 — 64

비익조의 기다림 — 66

원격작용 교신 — 69

무극에서 온 메모리칩 — 72

초당의 월광 소나타 — 74

난설헌 허초희를 채련採蓮 하는 간절기 — 76

불꽃처럼 살다간 여인 전혜린을 그리는 하루 — 78

기형도의 생각속에 잠시 닻을 내리며 — 80

칼릴지브란과의 해후 — 82

chapter 4   kino drama
내가 터져야만 숨을 쉴 수 있을 것 같다

글의 수행자 — 86
홀로 건너는 강의 통증 — 88
그리고 다시 마흔 넷 — 90
파가니니의 단조가 비를 맞을 때 — 92
유월의 들꽃을 꺾으며 — 94
번뇌의 행간 — 96
바람이 낮게 지나가며 하는 말 — 97
나를 참을 수 없었을 때 그믐이 다가와 손 내밀었다 — 99
그리움보다 더 높이 나는 새 — 101
젖다 혹은 떨림 — 103
조건반사 — 105
그대의 꽃잎이 나의 뜨락에 — 108
호수의 팔월에 눈보라가 치던 날 — 110
보상 예측 오류 — 112
그 숲으로 가다 — 114
발 없는 언어에 대한 고백 — 116
상쇄의 chapter, 수도원 — 119

chapter 5 블랙홀
빛은 생명이 성장 할 수 있는 조건이었다

경우의 수 — 122
블랙홀의 여정餘情 홍련암 — 124
조금은 가볍게 살자, 삶 — 126
고뇌의 휘파람 — 128
실수와 허수의 괴리 — 130
일탈이라는 유혹의 손짓 — 132
그 남자가 그려내는 안개숲 속의 작은 새 — 134
초 여름 풀꽃 향기에 비가 내릴 때 — 137
바람아 내 영혼이여 — 139
미치지 않으면 결코 미칠 수 없는 — 141
그 바다에서는 너의 향이 난다 — 143
돌고 도는 모순 — 144
술병 속으로 달의 빛 하나 스러지고 — 146
계절, 나를 읽다 — 148
나의 데이터는 지금 로밍 중 — 150

chapter 6 얽힘의 재구성
선택이라는 흔적 그리고 치유를 위해

초의식 에너지 흡입 — 154
정유년 사월의 하늘 별 그리고 이데아 — 156

물 잠자리의 우화 ― 158
떠나지 않았다 겨울봄비 ― 160
가슴의 걸음걸이는 잴 수 없다 ― 162
침묵의 고해 ― 164
겨울 午睡에 낚시를 드리우니 ― 166
되찾다, 나를 ― 168
더 단순하게 ― 170
시간의 찰나를 기미하다 ― 172
탈출을 위한 탈출의 시그널 무명초 ― 174
그 새벽 검은 숲의 사람들은 ― 176
광부의 신화 ― 178
발효로 묻고 숙성으로 답하다 ― 181
홀로와 함께의 mixing ― 184

chapter 7 천체 운행
나를 떠나지 않은 끊임없는 파동의 메세지

어느 禪 문답 ― 188
어머니의 이정표 ― 190
그대 시월의 소설이여 ― 192
달빛 푸른 영혼 ― 194
가설 속 타협의 가을바다 ― 196
진핵세포의 융합 ― 198
심장의 상호작용 ― 200
책, 덮다 ― 202
off ― 204

다만, 그 뿐 ─ 206
산중세담山中洗談 -바람에 안부를 전하기에- ─ 208
산중세담山中洗談 -백일기도의 백야성- ─ 210
산중세담山中洗談 -안부를 접는 답신- ─ 212
삼신일불 혹은 삼위일체 ─ 214

chapter 8 7寶례 삼단원칙
가고 옴 그리고 오고 감이 없으니 머무름도 허망이라

시조새 날다 ─ 220
유일무이한 선택 ─ 222
유체이탈의 빗방울 전주곡 ─ 225
깨어나라 빛의 여신이여 ─ 227
빙산의 조각가 ─ 229
업연의 멋진 발견 ─ 231
나의 알고리즘 ─ 233
메타언어의 기억 ─ 239
일기의 역사를 다비하다 ─ 242
빛으로 걷다, 하늘 길 ─ 244
미식(e)함식=니르바나 ─ 246

선택,

그리고 입 속에 매화가 피었다

chapter 1

빅뱅

계절은 지금
하늘별자리에 태양 하나쯤
묻어도 좋을 시간

빅뱅의 서막

그 날도 구름다리 위에서 서성이며 널 기다렸어
하늘 길 길게 드리운 두레박에 혹여나 네가 오기를 기다리며
그러나 넌 오지 않았고 난 널 찾으러 와야만 했지
그리고 선택 해야만 했는데 난 두려웠다
네가 날 못 알아볼까 봐 또 내가 널 지나칠까 봐
그리고 주어진 생 동안은
심장을 예리한 칼끝으로 그어내는 듯한 통증을 안고
살아내야만 하니까

지상의 매화향은 싱그러웠어
그 길자락의 골목어귀를 걷다가 낯익은 노인을 만난거야
우리는 반갑다며 덥석 손을 잡았는데
순간 난 블랙홀로 빠졌고

문을 열고 나오니 아름다운 가난이 기다리고 있었어
새로운 미션의 시작이었던게지

늦게 늦게 아주 늦어서야
삭제된 필름 속
어스름한 기억에 담겨있는 퍼즐 하나 꺼내보니
화엄의 순례 길에서
인동초 향기가 달우물에 걸린 밤
왜 내가 나를 찾아 온 건지 의문을 알게 되었어

우리 서로 바람결에 스치더라도 알 듯 모를 듯
어쩌면 어느 생에선가 보았을 인연이니
복받치는 서러움 풀어내며 해원 하리라
넌 너의 자리에서 난 나의 자리에서

초신성 폭발 그리고 별의 죽음

무한한 우주 공간에서의 생멸
태어나는 모든 것에는 죽음이 있다
노쇠한 별이 쏟아내는 빛 강한 에너지
그 빛의 순간이동 에너지는 인연의 반응이 센곳으로 접선된다

기체가 머뭇거리자 은하의 공항도 가뭇가뭇 거린다
마치 넘실거리는 파도에 섬이 보였다 사라졌다 하듯이
안개에 묻힌 활주로는
짙은 어둠 속에서 미지의 세계를 비춰 줄 유일한 소형 램프이다
그 작은 램프에 의지한 수많은 목숨들을 태운 기체는 울컥 거리며
다시 공중으로 떠오른다 착륙이 쉽지 않은가보다
매번 그렇듯이 위험한 모험을 또다시 선택했다
생명의 선택은 조건이 수반되어야 착상이 가능하였지만

존재는 늘 목적과는 다른 이탈을 달리곤 하였으나
인정이 쉽지 않았듯이
다급한 승무원의 목소리 그리고 술렁거리는 기내
생존자의 확률은 무엇을 선택하든
임무완수 가능성과의 포함관계 였었다

一合理相의 오류다

자력과 촉매와의 상관성

탐조등 하나가 켜졌다
길게 여린 빛을 쏟아낸다 강이 생겨났다
빛과 목숨을 바꾸는 불나비처럼 기체는 다시 착륙을 시도한다
그리고 빛 속으로 빨려 들어간다
원효의 낙엽이 수북한 안개 강을 걷는다

삶에서 삶으로의 긴 여행 동안 갖게 되는 수많은 생각들
그 생각의 파형이 양자역학에 의하여 우주에 퍼져나간다는 것이
과연 어느 조건에서 가능 할까
자력과 촉매와의 상관성
나를 바라보는 또 다른 나
나의 인식 속에 또 다른 나의 인식
내가 나를 찾으려 하고 내 인식이 또 다른 내 인식을 찾으려 한다

나는 여기 있는데 또 다른 내가 왜 거기에
내가 거기 있는데 또 다른 나는 왜 여기에
뭘까 뭐지
우주에 공명하려는 뇌의 진동 에너지여 깨어 있으라
진리는 너의 깊은 의식에서만 완성되리니
하늘에 떠 있는 달은 하나인데
바다에는 물결의 진동을 따라 수많은 달이 일렁이듯
진리의 에너지는 진리에 반응할 뿐
엔진의 진동이 폭풍처럼 뇌리를 휘감는다
날 선 쇳소리의 통증 날개가 땅에 꺾이는 굉음
습습한 안개 사이로 땅이 솟고 하늘이 내려앉고
그 조각들이 튀어 나간다 습기찬 기억의 조각들이

깨어나면 여울에 피가 돈 흔적은 없으리라

파사석탑의 순간이동

그것은
거센 파도가 넘실대는 바다 위에 표류하려는
어리석은 한 마리 작은 새 였다
새는 그렇게 전설의 탑을 안고 존재의 깊은 바다에 빠졌다

앙드레 말로는 인간의 조건을 이렇게 말하였다.
'인간을 만드는 데는 열 달이 걸리지만 인간을 죽이는 데는 단 하루로 족하다. 그러나 한 인간이 완성되기 위해선 열 달이 아니라 육십 년의 긴 시간이 걸리는 거다. 희생과 의지와……그 밖의 여러 가지 헤아릴 수 없이 많은 것을….그리하여 인간이 되었을 때 유년 시절도 청년 시절도 다 지나가 버리고 정말로 한 인간이 되었을 때는 죽는 것 밖에는 남지 않는 거라'고

어쩌면 그 죽음이라는 것은
살아있는 동안 인식의 오류에 대한 집착을 없애고
인식의 변화와 우주가 하나 되어
전체로의 열림의 길로 가는 것이라는 걸 몰랐다면
풀리지 않는 영원한 수수께끼 였을지 모른다
다시 숨이 막혀오기 시작한다
나를 받아들이자
나와 맞서서 피투성이가 되어 보리라
강과 바다가 몸을 섞는 뜨락으로 갔다
물결은 그리 격정적이지 않았지만
한 때 가슴 속에 뜨거운 태양 하나쯤은 키웠을 누군가의 살점들이
수세기가 지난 지금도 다 하지 못한 사랑을 토해내고 있었다
섞임 혹은 하나를 위해 쉬지 않는다
모든 건 늘 그런 식이었다

습습한 안개는 바람의 춤을 따라 이미 뭍으로 올라오고 있었다.

백옥루의 북두칠성 전설

평상에 누웠다 자루 도는 소리가 들린다
널 찾기는 그리 어렵지 않아
네 몸엔 일곱 개의 별이 있으니까
시녀가 깨우지 않았다면 자루를 돌릴 수 있으련만

여름에는 저녁 무렵 겨울에는 새벽 무렵
그믐을 웃돌 때는 더 영롱하다
의식을 마친 할머니가 산을 내려 와
고갯마루에서 한 숨 돌리고
그즈음 바다로 갔던 할아버지도
고갯마루로 오시더니 하얀 고무신을 털어낸다
기다렸던 밤바람이 털어 낸 먼지를 훑어가자
무심한 듯

동굴로 들어가시는 모습이
겨울 하늘 별을 닮아 따뜻하다

누구를 기다리는 건가
기도의 촛불이 한참 타오를 때
할아버지는 손에서 오방을 하나 둘 피워내고
그 기운의 몸을 돌려 촛농을 흩뿌리며
구도자를 깨운다 순식간이다
뿌려진 촛농으로 다시 초를 태우듯 몸을 태우라며
걷어올린 팔의 가장 여린 살갗에
초심지가 꽂힌 마른 쑥잎을 올린다 불을 켰다
처음은 고통스럽던 열기가
시원하게 온 몸을 휘 감아돌며 암울을 걷어간다
타 들어간 쑥잎의 둘레만큼 까만 하늘이 생겼다
까맣게 내려앉은 하늘에 달이 솟았던 그 날엔
백옥루 위에서 서성대던 북두칠성 별 두어개가 구름에 가려졌다

다시 평상에 누웠다
구름 없는 하늘정원에 북두칠성 자루 도는 소리가 정겹다
달이 동그란 무지개를 피워 낼 수 있도록
이번엔 시자가 깨우지 않기를

가슴이 붙어있는 물꽃

언제부터였을까
저 강이 목숨만큼의 뜨거움으로
노을을 기르기 시작한 것이
감싸고 있던 양수가 터져 나가고
몸 속으로 길이 보이기 시작했을 때부터
물을 태우는 노을을 찾아 나섰으리
천만년 아니 그 훨씬 전일지도

바람이 대금을 불며
물을 길어 올리는 저 강
노을을 보면 거기 붉게 타는 강이 흐르고
강을 보면 노을이 젖어있으니
서로 모습을 비추지 않으면 살 수 없는

가슴이 하나뿐인 물꽃

멀리서 종소리 물빛으로 흐르는
지상의 이 황홀한 순간
들짐승 울음소리 강어귀에 놓이고
이름모를 새들이 물위를 걷는 저녁강에
푸른창을 달고
나
하늘을 보리라
노을을 만나리라

또 다른 별에서의 하루를 맞이 할지도 모를

새벽이 오는 소리를 들으며 잠을 청하려다
쉬이
깊은 정적 속으로 빠져 들 수 없을 듯하여
슬며시 자리에서 일어나 창을 연다
빛을 먹어 버린 하늘
그 발아래 질주하는 자동차
그리고
날 선 오토바이의 쾌속음에 섞여
머뭇거리던 생각들은 더
혼미한 의식으로 내 닫는다
머리 좌 우 반구 어느 쪽도 지금은
그 문명의 소리가 들어 설 곳이 없다
물기 찬 공기가 그 사이를 비집고 들어선다

그나마 남아있는 감성의 촉수를 자극 하려는가
길게 물바람을 폐부로 끌어당긴다
죽어있던 세포들이 일어선다
시간은 점점 벼랑으로 몰린다
사십의 후반으로 쫓기고 있다
어쩌면 이런 인식 자체가
나를 허기로 내 모는지도 모르겠지만
좌 우 반구의 양분현상
뽑아 버리리라 생각했던 인식의 게으름은
불쑥 나타나 또 다시 괴롭힌다
나를 찾을 수 있을까
너를 찾을 수 있을까
우리는 세포의 밀집된 바다에서 고집스럽게도
서로를 찾으려 한다 오래전에 복제되었던
그러나 잠시 놓아 주었던 그 복제본을
또 다른 별에서의 하루를 맞이하는지도 모를
그 복제음파를 찾아 새벽 별 아래 서 있으니
계절은 지금
하늘별자리에 태양 하나쯤 묻어도 좋을 시간이란다

거룩한 인연

한 겨울
마른 눈보라가 길을 쓸어 내던 날
내게 찾아 온 그는 보신이었다
그리고
벚꽃 흐드러지게 피던 날
오물거리는 첫 입술을 내게 허락한 그는 업보였다

보신과 업보와
갈증으로 가득한 바다 한 가운데서
보리수를 피워 올려야만 했다

그는 다만
고요한 해변 모래사장에서 유유자적 거닐고 있었을 뿐인데

나를 도와 줄 보신의 역할이 필요했나보다
또는
아이를 못낳는 여자는 별채에서
지아비가 데려온 가족의 웃음소리를 들으며 괴로웠던
전생의 여한을 삭제 할 업보도 불러야만 했나보다

귀해하면서도 몇 생을 함께 어울린 우리
부르지 않은 듯 부른 나
오지 않은 듯 와 버린 그들
소중하고 간절했음을 너무 늦게 알아 챈
그런 자신이 너무 미안하고 고마워
자꾸만 채기가 돈다

그렇게 화신은 어쩔 수 없이 마음에 병이 깊다

선택,

그리고 입 속에 매화가 피었다

chapter 2

동굴 봉인 해제

이미 세팅된 인연을위한
마무리
시간여행

누에고치의 줄탁동시

한 발 또 한 발 옮길 때마다
발은 끈적거려 딛기가 버거웠다
벽은 온통 희뿌옇고 굴곡진 움직임은 막혀있다
어디로 나가야 되려나

연두의 잎사귀가 싫증 날 무렵
몸의 갈증은 하얗게 타래로 변해갔다
그리 해야겠다
세상의 번민도 벗어놓을 곳
변해가는 무명의 몸을 풀어 집을 지어야겠다

타래의 틀에서 실을 뽑아
동글동글 몸을 굴릴때마다

더 완숙되어지는 홀로만의 공간
좌선의 극치에 상량문을 쓴다
줄탁동시 정혜쌍수 돈오돈수

몸에서 명주를 뽑아내어 만든 집
한 오라기 남김없이 오롯이 지은 그 집을
삶고 실을 뽑아 비단을 만드는 장인이 누구든
상관없다 다만 기다림의 인고를 함께 견뎌내고
생사를 가름하는 호흡의 완벽성만이
무명을 벗고 창공을 날게 할 수 있으므로
죽지에 날개가 돋자 문을 두드리고 여는 긴장
다행이다 이번에는 엇박이 아니다
안과 밖의 진아와 가아가 일치했다
허공의 자유를 노닌다 나방이라 이름하며

그 때 내가 그러했듯이 지금 그대는 어떠한지

태양의 탄생

그리
오랜 시간이 걸린것은 아니었다
고양이의 날카로운 눈빛들이
이 섬에서 사라지기 시작한 건
얼핏
희고 둥근 언덕위로 수레를 끌고 가는
등 굽은 노인을 본 것뿐인데

물
그 위로 굶주린 빗방울이 떨어졌다
섬이 섬 속으로 들어가기 위한 꿈틀거림이 시작되었다
수면에서 풀피리 소리가 흘렀다 진양조에서 때로는 휘모리로
새로운 섬이 떠 오를 때 벽화를 걸었다

물 숲에 부싯돌이 그어졌다 방바닥으로 갯내음이 쏟아졌다
그때까지
표류하지 못한 선원들은 무참히 살해당했다

멀리서 닭이 운다 눈 쏟아지던 날
공장을 지키던 흰 개가 뛰쳐나와 치켜 세웠던 꼬리를 뽑아 버렸다
파도가 치려나
아까부터 산파는 부른 배를 쓸어 내리고 있고
문 밖엔 낯선 사람들이 꼿꼿하게 불을 들고 있다
아
어머니
공명이 찢어진다 문이 열린다
섬은 빛을 받아들일 준비를 끝냈다
물에 힘이 주어진다
복제될 선원들도 물 뒤에서 물을 밀어낸다
서서히 또 다른 섬 하나가 화선지에서 물을 턴다

화선지를 구르는 물방울이 물감을 풀고 있다

시지프스의 공 굴리기

쓸쓸함에 지쳐
어딘가에라도 부딪혀 터지고 싶은 날
그 산에 갔다
쓸쓸한 허전함 속에서 의식이 나오든
꺽꺽거리는 쇳소리가 나오든
비틀거리는 방황이 나오든 상관없이
매 번 그저 무심히 오르기 위해서만 올랐던 산이었다
의식을 치르듯 신발을 벗었다
발 바닥에 닿는 모래며 부서진 삭정이며 바스러진 솔잎의 촉감들이
동안 잠들어 있던 육의 감성들을 자극하기에 충분했다
흡---들이마신
물의 내음 그리고 산흙 내음에
늘 얼비치기만 하던 무언가의 그림자가 스쳐 지나간다

저 그림자의 정체는 무얼까

알 수 없다 도무지 알 수 없다

가벼우리라 가벼우리라며

꺼내 놓았던 배낭의 무게보다 더 짓누르는

알 수 없는 바람의 무게

휙

몸을 돌려 올라 온 길을 더듬어 본다

시작이 어디쯤 이었는지

앞을 본다

어느만큼 올라야 하는지

늘 여기까지라고 선을 긋 듯 머무르던 폭포

산을 감고 돌았던 인연의 세월이 인연의 흔적으로 남는다면

어떤 모습일까

모진

모난

아니면

땅거미가 산을 기어 오를 때 까지도 끝없이 원을 그리기만 하던

아다다를 닮았을까 그도 아니면

그래 별의 형상일거야

지상에서의 별은 꿈을 꾸고 난 후엔 아름다운 모서리로 남게 되지

그 아름다운 모서리의 날카로운 부분이 닳아서 하늘로 오를때는 이미

바다가 되어있는 거야

마음바다에 뜬 별 그건
그리움인게다 그리움
하여 인연의 세월은 별과 같아

낙수 끝에서 밀려드는 한기가 오금을 저리게 한다
세미
톡
톡
지칠줄 모른다 아니 지치지 않기 위한 의식이며
시지프스의 공 굴리기다 처음도 마지막도 없는
다만 윤회의 굴레를 증명하기 위한 행위였을까
새끼 손가락의 길이로 떠밀려 왔던 폭포 위
그
그리움의 세계로 돌아가려는 본성의지
서서히 하늘의 문이 닫히기 시작한다
작은풀꽃 위로 하나 둘 빗방울이 떨어진다
산은 다시 고요 속으로 들어간다
쉬임없이 물의 깊이를 재는 폭포소리만 적막한 산을 울린다

시지프스의 공굴리기를 마치려면
깊고 푸른 강물에 닿기 위해 온 몸에 든 피멍을 사랑해야만 한다

길을 묻다 노을에

전화를 했었소 바람이 받더군
바람에게 물었지 그대를 만날 수 없느냐고
문은 잠겨 있었소 정원에서 당신은 책을 보고 있었고
책 속에서는 불꽃놀이가 한창이었소
그런 책 속을 물끄러미 보고있는 당신의 모습에
불현듯 가여운 생각이 들었소
전혀 예상치 못한 일이었소
불꽃이 책의 바깥세상으로 튕겨져 나오리라고는
그렇다고 활자들까지 타버린건 아니지만
아마 시간이 지나고 나면 잿더미 속에서
타고 남은 옅은 나무 냄새라도 맡을 수 있지 않을까
해서
솔 숲 향내 그리움이라도 추억 할 수 있다면

이 더운 여름 날 읽어내린 활자들이
후회스럽지는 않을테니 말이오
그대
병풍속의 저 산을 밀어 버리고 싶지 않소
그러면 이렇게 네 발로 달리지 않고
직립보행으로 성큼거리며 그대에게 갈 수 있을테니 말이오
위험은 곳곳에서 튀어 나오리라는 걸 이미 각오는 하였소
그건 그대가 차려놓은 저녁 식탁에서 별을 찾기란
그리 힘들지 않았기 때문이오
이 뜨거움이 지나면 곧 가을이 올 거요
지상의 모든 허울이 벗겨지면 그대가 원하던
숲 속 오두막으로 그대를 데려 가겠소
우리 함께 걷던 오솔길에
우리 나누던 그림도 그대로 일 것이오
어쩌면 조금 빛이 바래져 있을지도 모르지만
무어 그리 대수겠소
내 그대 향한 마음 그리고 그대가 나를 향한 마음은
여전히 숲을 이루고 있으니 말이오
시간이 깊어 갈수록 그리움은 깊어만 가오
밤이 깊을수록 새벽은 더 빛이 난다고 하였소

우리의 사랑도 그럴 것이오

너 자유여 틀에 갇히지 말라

등나무의 보라꽃이 한창이다
이 그늘에 앉으면 그저 행복하다
오전 시간인데
친구집 등나무 꽃그늘이 그리워 무작정 왔다
차 한잔 앞에 놓으니
바람결에 흩어지는 꽃향마저 감미롭다
오늘은 누군가를 사랑하고픈 그런 날
불러주지 않아도 발길 향하는
보아주지 않아도 외롭지 않은
이른 사십 즈음의 시간이
단촐한 행복으로도 아름다운 그런 맘
이 자유로움을 애써 가두지 말라며
지녔던 한 줌 소박한 허전함이

가장 순수한 의식의 상태에서 보이는
우주의 고향 품에 안긴 오늘은 그런 날

너 자유여 틀에 갇히지 말라

그래, 사랑하게 놓아두자

가끔 사람들은 꿈을 꾸곤 하지
어느 유행가의 가사처럼 시간이 몇 번 뒤척이고 나서도
소중하게 재생되는 추억 한 페이지 쯤 갖고픈 맘이리라
파도 한 자락 내 옆에 뉘이고 일찍 잠자리에 들려 했는데
그대 모습이 그대 향이 쉬이 사라지지 않아
밤늦은 시간에 호수를 걷기로 했어 그 곳에 가면
차갑게 살갗에 와 닿는 바람의 촉감이며 수런거리는 풀잎들의 소리
그리고 덤으로 볼 수 있다면
하늘에 흐르는 구름이며
그 구름의 그림자를 비추는 달이
호수의 잔물결에 투영되어 일렁이는 모습이라도 보는 날이면
이렇게라도 살아 있음에 감사함을 깨닫고 돌아오곤 했어
그건 내가 유별나게 호수를 사랑하는 이유인

비 오는 날이거나
노을이 산을 넘는 이른 저녁시간이거나
달빛이 흐드러지게 물 위로 흐르는 밤길을 즐기거나
그러면서 나는 대개의 경우 나를 어느 정도 정리하곤 했지
처럼 수십 년의 세월을 돌아 다시 그 자리에 서서
점점 그대의 색에 향에 익숙해지는 자신을 발견하게 되었어
그건 무얼까
성숙한 생의 한 가운데서 향 짙은 그리움을 느낀 탓인가
아님 비로소
호수의 벽을 돌아 하늘을 보며 웃을 수 있게 되어서일까

침묵 속 소음

당신이 나에게로 와
꽃의 향기로 남는다는 것을
그대는 아시는지요
뜨락에 날리는
이 짙은 여름 향에 익숙해지면
다시 가을이 찾아 오겠지요
그 때가 언제인지 모르지만
그때까지 아플 것입니다
그러다 너무 아파 숨을 쉴 수 없으면
잠시라도
당신의 뜨락에 핀 꽃향을
제게 허락 하시겠는지요
당신이 나에게로 와

이렇게 짙은 향기로 남을 수 있다는 것
그대는 아시는지요
바람결에 들어 온 꽃향이
마지막 한 점까지
내게 머물러 있을 때의 기쁨을
바람결에 들어 온 마지막 한 점의 꽃향이
나의 밖으로 나갈 때
그저 서 있기에도 힘이 드는 허전함을
당신은 느끼시겠는지요
당신이 나에게로 와
꽃의 향기로 남는다는 것을
그대는 아시는지요

우리 어느 생에선가 만난적 있지 않은지

빗 속을 그저 걸었어
대관령 바람이 호수로 내려서는 길목에서
작은 우산에 나를 숨기고 그저 걸었어
춥지 않았고 오히려 포근한걸 느꼈지
빗 속에서 걷고 있는 나는 아주 작은 소미립자에 불과하지만
내 존재의 점 하나가 곧 우주를 유지하게 하듯
나는 지금 이대로가 아니라
새로운 삶의 전체가 되어야 한다는걸 보게 되었어
광장에서의 고독은
태초부터 영원까지 이어지는 생명체의 끈질긴 독주인 것을
우리는 알고 있으면서도 때로는 잊고 살기에
상처와 외로움 속에서 혼란을 겪기도 하는가 봐
스스로 정화할 수 있는 능력을 지닌 호수처럼

오늘은 나도 저 호수에 떨어지는 물방울 되어
그저 한없이 걸었어 옷 젖는 줄 모르고 그렇게 한 없이

시문에 새겨진 수채화

잘 다녀 왔네
새벽 찬 공기를 가르며
유치원 아이들과 울산바위를 향하여 구보를 하였는데
겨울공기가 너무도 상큼하여 하늘을 보며 말했다네
- 아 며칠 더 머무르고 싶어 -
년중 행사로 한 계절을 선택하여 캠프를 하는데
빠뜨릴 수 없는 프로그램이 저녁노을 보며 걷기와 새벽구보 라네
나이가 들수록 아이들이 점점 더 사랑스러워지니
세월 앞에서는 누구든 어쩔 수 없이 나약해지는가 보다 생각했다네
낙오없이 전원통과에 나는 나의 일에 대해 하느님께 감사함을
다시금 깊이 기도했네 성모님의 도움으로 봄의 기온 속에서
어제는 눈밭에서 뒹굴고 오늘 오전에는 수영장에서 나와
엘리베이터를 타며 그대의 전화흔적을 보았네

그러면서 창밖으로 눈이 내리는걸 보았다네
첫눈 오는 날 그대에게서 첫 전화를 받았던 것일세
설악의 웅장한 산맥을 바라보며 생각했다네
늘 언제나 항상 나의 옆에는 그림자처럼 그대가 존재했었다는 것을
휴일 아침에 잠을 깨우는것도 밤 늦게 뒤척이면
노래로 잠을 재워 주는것도 길 떠나면 걱정해 주는것도
나는 늘 언제나 항상 그대의 염려 안에서 지내는 철부지였나 보네
그 보호 안에서 따뜻함을 깨닫지 못한 체
나 이젠 조금 어른이 되어 가려나 보네
설악에서 별을 보며 생각했다네
그래 이젠 겁내지 말고 세상 속으로 뛰어드는 여행을 떠나기로
나의 시간여행을 가꾸어야겠다고
이만하면 대단한 발전 아닌가
많이 피곤하여 이젠 그만 쉬어야겠네
그대도 편히 쉬시게나

세상을 걷는 인연의 들숨

차가운 겨울 바람 속에서 따뜻한 눈길을 느끼며
행복한 마음으로 글월 올립니다

산다는 것에
무엇엔가 몰입한다는 것에
변화에
사랑을 느낀다는것은
아직은 봄 기운을 받아들일
그 마음이
그 사랑이
그 계절이
살아있는가 봅니다
그러나

이렇듯 살아있으나 숨을 쉴 수 없는
숨을 쉬도록 허락되지 않는
아직은
그 겨울 속에 있는 저의 모습을 보았습니다

선생님과 J선생님께서는 제게 이미 길을 열어 주셨습니다
다만 그 시기의 적절성을 효과적으로 사용하는 방법이
저의 과제로 남아 있습니다
선생님께서 이루어 놓으신 여성문단을 저는 새로이 사랑 할 것입니다

저 이렇게 살아있습니다 그리고 문학을 사랑합니다
하여 글의 미학을 떠나서
사람이 사람을 사랑하는 문학
그러한 사람이 삶을 사랑하는 문학
그 삶의 문학이 함께라는 공동체를 아우를 수 있는
우리 여성문학인의 숨결 이었으면 합니다
허초희 삶의 시간들이 헛되지 않았듯
그녀의 후예들인 우리들의 문학사랑도
이와 같아야 되리라 생각합니다
그 길을 초석으로 선생님께서 이루셨으니
저희들도 올 곧게 선생님의 뜻을 따를 것입니다

선생님 고맙습니다
오늘 행사 많이 힘드셨지요
편안한 휴일 저녁 되시고 늘 강건 또 강건하십시오

해질녘 산모롱이에서 쉬어보는 날숨

삶의 길목에서
사람은
소중한 인연을 몇 번 갖게 된다고 하는데
제 인생에서는
그 중의 한 분이 선생님입니다
사람을 인정 한다는 것
그것은 참으로 힘들고 어려운 일임에도 불구하고
선생님은 제게 바른 삶의 길을 제시 해 주셨습니다
특히 다도를 통한 자기 정체성 찾기란
제게 얼마나 가슴 벅찬 떨림 이던지요
몸 매무새를 단정히 한 다음
찻물을 준비하는 순간부터 시작되는
행다의 모든과정이

참 나를 발견하는 시간을 갖게 하였습니다
제 개인적으로는
가끔씩 뒤틀려지고 싶은 현실을
올 곧게 바로 세우려는 의지의 시간을 갖게 되니
어찌 저로써는 선생님께 감사의 인사를 아니 드리겠는지요
한 사람의 삶에 바른 길의 계기를 주신 분을
어찌 의인이라 아니 하겠는지요
진정 고맙습니다
하여
선생님의 은혜에 조금이나마 보답코저
바른 모습으로 바르게 살아나가려는 의지로
매화꽃 한 송이 피우고픈 마음에
난설헌 허초희 만남의 장을 마련하였습니다
부디 오셔서
아낌없는 조언과 격려 부탁드립니다

흰 바람이 나무의 노래를 부르며

배낭을 꺼냈다
CDP와 노트2권 그리고 서재에서 까뮈의 부조리와 김혜순을 넣었다
이만하면 내 배낭은 결코 가난하지 않으리라

- 이른봄 그리고 늦가을에서 겨울까지 -
부제는 (비오는 날이면 더욱 좋은)
이건 내가 주로 이용하는 기차 티켓의 이름이다

오후 두시 태백으로 가는 열차에 몸을 실었다
서서히 차가 움직이기 시작하자 귀에 이어폰을 꽂았다
이번엔 하이든의 첼로와 오징어처럼 구운 가요를 함께 탑승시켰다
의자를 뒤로 제키며 깊은 숨 속으로 나를 밀어 넣는다
차가운 바람을 뒤척이는 겨울바다 사이로 기세등등하게 늘

내 어깨를 짓누르던 무거운 옷들을 하나씩 벗어 던진다
입고 있던 두터운 옷들을 벗을 때마다 나는 수학공식을 잃어 간다
그러는 사이 열차는 레일을 이탈하고 있다
무한궤도의 지구순회가 시작되고 있었다
자판의 무수한 병정들은 지금 휴가중이다
사이버맨에게 게임오버를 보낸다
막은 내리고 열차는 진공 속에서 어둠을 토한다

태백 눈꽃축제현장에 첫발을 딛었다
퇴색한 얼음 조각상이 내 귀 하나를 떼어간다
바람에 휙 쓸려가는 귀를 좇아 낯선 산을 골골이 헤집고 다녔다
밤은 추워오고 들짐승의 눈빛이 스산하게 등에 꽂힌다
인생은 도박이라고 했는가 카지노다
우주미아가 정거장의 미아 보호소를 발견했다
여기선 모든것이 게임오버다
다시 정선행 버스를 탔다
멀미나는 고개를 넘으며 아라리를 흥얼거린다
아리랑 아리랑 아라리요 아리랑 고개고개로 날 넘겨주오
장터에 들어섰다
원치않는 황야의 무법자가 되었다
명절 다음이어서 5일장은 서지 않았고 바람은 저 홀로
먼지를 부르다 지쳤는지 나를 보자 반색이다

입과 눈만 감은 채로 정면으로 그의 품에 안긴다
그래 이게 겨울 맛이구나
연탄난로에서 콧등치기 국수물이 구수하게 빈 장터를 지킨다
다음 장엔 올챙이를 만나러 와야겠다
나처럼 눈이 내리지 않은 정선의 겨울도 옆이 허전한지
역 앞 납작한 다방까지 따라와 꽁꽁 언 몸을 녹인다
눈 내리는 쌍화차 이천오백원에 노른자가 둥실 떠있다
이만하면 영양식으로 그만이다
바람에 삐걱이는 문을 밀치고 꼬마열차에 몸을 실었다
차창밖으로 보이는 신비로운 겨울 풍경 그 황홀경 그 무아지경
필설하여 무엇하리 잊지못할 겨울 낭만이다
다시 일상으로 돌아와 힘껏 일하다 어느날 다시
배낭을 메고 불현듯 기억나는 곳으로 나 떠나리
살며 꽁꽁 언 이 사회의 겨울이 춥다고 느껴지면
또 어느 날 불현듯 기억나는 곳에 나 잠시 젖어 들어도 좋을 곳으로
그렇게 또 홀연히 떠나리

들꽃처럼

chapter 3

무극에서 온 메모리칩

오래된
병풍 속
설화를 찾아서

홀로그램 혹은 스밈

숲을 걷는 바람이 비어있다
비어있는 것이 어디 바람 뿐이랴
바람을 거를수 없는 그물

숲에 바람이 가득하다
그물도 바람을 낚았다
바람속에 연어가 있다

봄의 폭설이 따뜻하던 날 그녀를 만났다
피할 수 없는 가녀린 눈빛에
스몄다 첫 경험이다

긴 여행을 마치고

어두운 법당에 들어서며
걸어두었던 옷의 고름을 매자
사월의 하늘에 매화가 피어난다
그리고 내 입 속에서도

솟아 오르는 매화나무는 돌탑이 되고
탑돌이를 하는 먼지 각각의 간절함이
비례를 이루며 탑은 점점 거대해진다
이미 스며있었다 모습으로

집 앞마당 향나무에 보름달 세 개가 앉아있다
달 하나를 품에 안자 스며든다
둘은 서향으로 높이 날아오른다
홀로그램에 미래의 고향 길이 보인다

바람 속의 연어에 보름달의 광배에 여래의 스밈이다

입 속에 매화꽃이 피었다

그 모든 것은 나의 선택이었다

나는 누구이며 어디서 왔으며
왜 지금의 인연들과 만나게 되었는지
그렇게 살아가고 또 그렇게 살아내면
어디로 갈 것인지

태생 난생 습생 화생
그 무엇이었던 내 모습을 체득했다는 것
불행일까
세상의 바다에서 맞게 되는 파도 한 가운데
나를 만난 것, 참 다행이다
나의 나, 너의 나, 나의 너, 우리

그리고 흔적

나는 너와 같고 너는 나와 같다는
이 모든 것은 오직 나의 선택이었다
아픔, 그 때
나는 그 흔적들을 삭제하는 중이었다
그건
풀리지 않는 영원한 수수께끼 같은 것

너로 인해 나는 매화를 피워냈다
너는 내게 매화를 피우게 할 인연이었음을
리트머스 시험지는 참 아픈 기억을 요구한다

Agapē의 寢殿

어둠은
나를 가두려 하였지만
나의 마음안에 든
당신만은
가리지 못 하였습니다
그렇듯
눈을 가려놓고
세상을 보게 하여도
나는
당신을 볼 수 있었습니다
어쩌면
당신이 내 눈을 멀게 하여도
나는

당신의 향을 느낄 수 있었습니다
이미
당신이 내 곁을 스쳐 지나 갔을지 모르나
나는
당신이 늘
내 옆에 머무름을 알 수 있습니다
우리는
우리는
오래전의 꿈속에서
서로를 느꼈으니까요

전생의 가없는 우리 사랑을
이생에서 오롯이 느낀건 참 다행이었습니다

엇갈림

많이 망설이다
당신을 만나러 갔습니다
딱히 이유는 없었지만
왠지 그래야만 할 것 같았습니다
어쩌면 후회하지 않으려는 의지였겠지요

저는 당신을 기억하겠는데
당신은 저를 알아 보시겠는지요
몇 생을 기다렸을까
몇 생을 지나쳤을까
몇 생을 방관했을까
기약없는 다음 생으로 또 다시 이월 할 수 없기에
이번 생에 지워야만 했습니다

떨리는 마음을 추스리며
애써 침착하게 문을 두드렸습니다
무어라 말을 꺼내야 하나
이 윤회의 맺음을 어찌 설명해야 하려나
혹여 오해라도 하지는 않을까

그러나 당신은 부재중이었지요
시자에게 전해 달라며 책을 주고 나오는데
함께여서 아름다웠던 전생의 시간들이
길을 걷는 걸음걸음에 수를 놓았고
저는 그 길을 꿈꾸듯 걸었습니다
붉은 눈물방울이 아롱져 흐르는것도 모른체

비익조의 기다림

어디선가
낙엽타는 향이 빗 속을 달려온다 오래된 벗을 만나듯
그리고
초록초록 속으로 스며들던 비를 꺼내 다비를 하려
젖은 나무 위에 올려 둔다
비가 탄다
윤회를 믿는가
그는 누구인가 조금조금씩 가랑비에 옷 젖는 줄 모른체
소록소록 빗 속으로 끌어들이는 그는 누구인가
그는 정말 누구인가

어느 날 문득 깨어보니
언제부터였는지 벽에 기대어 울고 있는 자신을 보았다

잃어버렸던 그러면서 잊어야만 했던 그리움의 느낌들이
한 겨울 눈꽃송이처럼 차가우면서도 뜨겁게
가슴위로 힘없이 흘러 내리고 있었다
그는 누구인가 그는 진정 누구인가

지난 시간은 아름다운 마음의 수채화였다
어쩌면 그건 꿈속의 일이었는지도
새를 느끼며 새를 만나고 새를 기억하던 그 모든 시간들이
그러나 난
새를 본적도 만난적도 없었다 그러면서도 늘
새와 이야기하며 때론 아무 말없이 a속에 b를 넣기도하고
b속에 c를 넣어 말하면서 또한 모든것을 아우르며
그렇게 무수한 언어의 빗 속에서 만났다 그리고
나는 지금 그 언어의 가을을 보내고 있다
새가 남긴 노승의 글을 읽고 또 읽으며 돌아오지 않는 그를 기다린다
그는 누구인가 그는 진정 누구인가

비익조
새는 그렇게 오래도록 비워 둔 자리에 다른 새의 손을 얹었다
그리고 그 새를 사랑하였다
볼 수도 만질 수도 들을 수도 없는 새를
밤 새워 보며 들으며 만지며 소록소록

사랑이 아파오는 소리를 들어야만 했다
그러면서
자신의 살이 깍여 나가는 모습을 보아야만 했다
눈도 입도 날개도 반쪽인 전설 속의 새
사랑하는 님을 만나야 비로소 온전한 하나가 되어
하늘로 높이 날아 오를 수 있는 비익조
아득한 절벽 위에서 오늘도
먼 산 바라보며 님 돌아 오실 날만 기다리는데

다비를 하려 젖은 나무 위에 올려놓은 비
비가 말한다 내가 곧 그 라고

원격작용 교신

오후 세시
밤 새 대숲에서 웅웅거리던 바람이
참았던 속앓이를 토해내 듯 눈은 사정없이 퍼부었다
기차는 긴 터널을 막 지나고 있었다
붓 끝에서 떨어지는 언어는 그려져 있는 것들을 하나씩 지워가고
경적은 아득하게 던져진 의식을 흔들며 떠돌다 사라졌다
말에 가로채여 발목이 부러진 말들을 꺼내 만지작 거리고 있을 때
남자는 연을 만들기 시작했다
연의 네 귀퉁이마다 꼬리가 달리자 꿈들이 모여 들었다
깡마른 남자의 어깨 위를 미끄러지며 산 하나가
그 속으로 들어갔다 오래된 풍경처럼
이따금 사람들의 무표정 사이로 강한 푸념만이 선반위에 올려질 뿐
창 밖을 스치는 나무나 새들도 흰 장막 뒤로 몸을 숨겼다

쏟아붓는 눈이 허리를 휘어감는 산 그늘에
태를 묻은 애기봉이 어머니 젖가슴처럼 봉긋하게 드러났다
올해는 풍년이 되려나
땅 속으로 젖이 돌고 있었다
받아 들이지 않고는 견딜 수 없는 흙의 배란이 꿈틀대고 있었다
열차의 구석진 스피커에서는 낯선음만 꾸역꾸역 밀려 나온다
새가 되리라 삶이여
새가 되리라 언어여
새가 되리라 꿈이여

그 틈으로 들려오는
날 선 비명소리에 몇몇의 사람들은 선로를 이탈한다
천정에서 꿀벌 한 마리 좌우로 선회하며 툭 떨어진다
여왕벌은 남자의 머리 위를 날다 끈적거리는 액체를 떨구고 간다
정사의 최후였다 욕망의 최후였다 사랑의 최후였다
남자의 귓 속으로 벌 소리가 또아리를 틀고
성급한 활자들은 벽을 기어 오르고 있었다
차 안으로 돌풍처럼 눈이 쏟아져 들어왔다
남자의 손에 들려있던 비소가 몸 안 가득 퍼졌다
흰 보료위로 붉디붉은 꽃송이가 떨어졌다
산길에는 짧은 상여 행렬이 무심한 방울을 울리며
빽빽한 눈 잎 사이로 나타났다 사라지곤 한다

신은 지상에 더 머물기 원했을까 내가 네가 우리가
선택한 모험은 완벽했다
남자는 돌아서는 길에 자신을 묻었던 애기봉을 본다
하늘 높이 오르던 연이 산을 쏟아내고 있다

물 위로 물방울 하나 미끄러지며
선로의 낡은 스피커에서는 교신이 끊긴다

무극에서 온 메모리칩

수백 년을 지낸 고서들로 가득한
수장고의 호서장서각
오랜 시간동안 선 채로 책을 읽고 있었다
다리는 이미 한 걸음 옮길 수 없을 정도로 굳어 있다
펼쳐 든 책 표지의 가죽 위로 물방울들이 흐르고
지상의 언론들은 불시착한 항공기의 사고에 대해
그 잔해들을 수습하느라 분주하다

'내가 벗어버린 존재의 옷도 큰 바다에 떠있는 작은 물방울과도 같았던 것을... 가여운 영혼이여! 종자 하나에서 나무가 나면 한 나무에 무수한 가지가 돋고 낱낱 가지에 무수한 꽃이 피니 꽃마다 열매를 맺을 것이며 그 열매는 다시 종자가 되어 나무가 되고……'

착상은 무모한 짓이었다
그를 만났다 그는 空이었고 空은 곧 그였다
그에게 손을 내밀면 그는 사라지고
그가 사라진 그 자리를 바라보면 그는 그곳에 그대로 있다
'이젠 알 수 있다 내가 누구인지
이젠 알 수 있다 내가 어디서 왔는지
이젠 알 수 있다 내가 왜 왔는지
그리고 이젠 알 수 있다 내가 어디로 갈 것인지'

무극에서 온 메모리칩이 말한다
어서 할 일을 마치고 그 해독도 끝내라며

초당의 월광 소나타

우수수 별빛 쏟아져 내리는 고가의 담장 뒤로
곧게 획을 긋듯 뻗어있는 솔가지
그 위로 잔잔히 흐르는 월광 소나타
시의 정령들이다
바람은 나무를 흔드나 산을 흔들 수 없듯
그 분 삶의 궤적을 따라
그 분을 복원하여 그 분을 만나고 싶다
하여 범접치 못할 신성한 분위기에
시공을 넘어 영원 속에 존재하는 영혼과의 교감을 느끼며
순교자가 되고 싶다
바람소리를 온 몸에 적시니
가슴속에서 티 없이 맑고 청아한 풍경이 울린다
늘 그렇게

마음에 눈이 뜨이듯 초당 솔숲에 서면
목마른 갈증을 풀어 줄
가슴 속에서 뜨는 달을 만나고 싶어진다
영원히 지울 수 없는 우리들 마음에 뜨는 달을

난설헌 시 선집을 편다
새 한 마리 포르르 날아간 자리에 난향이 곱다

난설헌 허초희를 채련採蓮 하는 간절기

미적분微積分과 같은
난설헌 허초희의 詩를 읽어내기란 참으로 어렵지만
영롱한 구슬을 꿰듯 엮어보면
개인의 그리고 조선의 역사까지도 볼 수 있게 된다

미적분은 난설헌의 詩에서 개개의 변들이 이루어 내는
연립이고 대입이며 명쾌한 활용이었다.
이 공식의 대입물은 역사 정치 사회 문화였다.

난설헌의 시는
0을 중심으로 작게 쪼개거나 크게 조합하여야 맥을 짚을 수 있다
즉 분해하고 다시 재건축 하여야 비로소 형체가 보인다

0의 기본 값은
수학적으로는 모든 수에 포함되며
과학적으로는 무가치 일 뿐이며
종교적으로는 비어있으나 가득 차 있는 것이며
문학적으로는 아우름이며 상생이니 곧 삶으로 표현된다
따라서 난설헌은 채련採蓮 과도 같은 인간의 삶을
상계(天) 하계(地) 중계(人) 상계(天)의 우주론적인 접근방식을 취하였다
이러한 분석이 인연되어 선물을 받아 참 감사하다
나를 찾아가는 본래면목의 선물

낙타가 바늘구멍을 통과했다

불꽃처럼 살다간 여인 전혜린을 그리는 하루

우리가 태어나고 그리고 세상의 공기에 대하여 조금씩 익숙해 지려고 노력할 무렵 그녀는 지식의 욕구에 몹시도 심한 갈증을 겪어야 했다. 불과 서른 두해를 살다 갔지만 하여 그녀가 남긴 저서는 번역서를 비롯 단 몇권 뿐 이지만 난 그녀의 지적 호기심과 의욕이 너무도 탐이나 경련이 일 정도다.

그런 그녀처럼 넘쳐오르는 지적욕구의 괴로움을 풀 수 없는 안타까움은 나로 하여금 더 외로움을 느끼게 한다.

외로워서 외롭고 지적욕구를 채울 수 없고 나눌 수 없음에 또한 서러우니 미련한 세상은 분배가 정당한 건가.

무언가 잡히지 않는 그녀의 죽음마저도 그녀의 생에는 미리 계획 되어졌고 또한 기형도의 삶도 그러했으리라.

난 바보처럼 인간의 모든 오감을 통해 전달 되어지는 감성에 충실한 느낌을 믿는 편이다.

1+1=2의 공식화된 답안보다

1+1=3도 될 수 있는 문학적 답안이 더 따뜻하고 인간적이지 않은가.

그런 면에서 본다면 내가 보는 그들의 지적 괴로움은 평이하게 죽음을 맞지는 않았을 거라는 생각이다.

이 시대의 사회가 던져주는 부조리와 모순성.

무서울 정도로 연결되지 않는 현실과의 괴리에서 방황했음을 볼 수 있다. 따라서 전혜린 그녀는 사르트르의 [존재와 무]에서

−나는 내 존재에서가 아니라 내 존재 방식에 있어서의 나 자신을 선택했다−를 존재한다는 그 자체가 중요한게 아니라 존재를 존재이게끔 하는 존재가치의 구현을 위한 존재 방식으로 환언하여 그녀 자신의 정신의지를 삼았다고 볼 수 있다.

글에 미치도록 몰입하고 싶다. 하여 내 속에 도사리고 있어 늘 목마름에 시달리게 하는 무언가를 세상 밖으로 끄집어 내어서라도 보고 싶다.

무엇이 그리 대단한 것이 있어 나를 이토록 갈증에 허덕이게 하는지.

그런 면에서 시대를 앞서 살다간 그녀의 삶이 내겐 소중하다.

사람의 삶이란 이해하기 어려운 거라서 이상과 현실

즉 사랑과 문학과 실존의 모든 것을 승화 시킬 수는 없는 건가 보다.

문학과 철학 속에 심취 할 그날이 올 것이라 믿으며 오늘 하루를 접는다.

내일은 비라도 내렸으면

기형도의 생각속에 잠시 닻을 내리며

[이 겨울의 어두운 창문
오오, 모순이여
오르기 위하여 떨어지는 그대
어느 영혼이기에 이 밤 새이도록 끝없는 기다림의 직립으로
매달린 꿈의 뼈가 되어 있는가
곧이어 몹쓸 어둠이 걷히면 떠날것이냐
한때 너를 이루었던 검고 투명한 물의 날개로 떠오르려는가
나 또한 얼마만큼 오래 냉각된 꿈속을 뒤척여야
진실로 즐거운 액체가 되어 내 생을 적실 것인가
공중에는 빛나는 달의 귀 하나 걸려 고요히 세상을 엿듣고 있다
오오, 네 어찌 죽음을 비 웃을 것이냐
삶을 버려둘 것이냐 너 사나운 영혼이여] -기형도의 시 일부-

시를 짓는다는것은
곧
흩어진 나를 추스리는것이라고
기형도 당신은 당신의 생을 예견하였다
건너가야 할 세상 모두 가라 앉으면 비로소 온갖 근심들 사라질 것을
시지프스의 신화를 꿈꾸며 살다 종내는 말똥구리가 굴리고 다니던
그의 우주는 작은 언덕도 넘기지 못하고 다시 굴러 떨어지고 말것을
모순을 사랑하는 우리들
그러다 다시
그 모순의 음모에 갖혀 버리고 마는것을

칼릴지브란과의 해후

깊은 가을이 어서 왔으면 그리고
그 가을에 올핸 푹 빠져야 겠다
고독 속에는 더 많은 공존이 있다는 칼린 지브란의 느낌을 안고

[니체의 형식은 항상 나를 탄복 시켰소 그러나 그의 철학은 끔찍하고
전적으로 잘못된 것이라고 생각했소 나는 아름다움의 숭배자였소
나에게 있어 아름다움은 사물의 사랑스러움이었소
그것은 사물들간의 조화요 음악이었고 조화로운 속성이었소
스무서너살 적에 썼던 나의 글은 투명하고 음악적이었소
나는 인생의 보다 더 위대한 리듬을 포착하는것을 배우지 못했던거요
그 모두를 포용하는 생의 리듬 말이오
그리하여 나는 파괴의 철학은 전적으로 그르다고 생각하게 되었소
우리가 한 인간의 형식을 받아 들일때 우리는 그의 사상을 받아들이게

된다는 것 또한 점차로 인식하게 되었소 왜냐하면 형식과 사상 또한 떼어 놓을 수 없는 것이니까요]
-1912.6 보스턴에서 칼릴 지브란이 그의 연인 메리에게 보낸 영혼의 소리-

아름다움을 표현하는 모든 작품은
삶 속에 내재한 리듬의 발견이고 표출된 실존의 일부
오늘은 메아리가 아름다운 날이다
어서 깊은 가을이 오기를

선택,

그리고 입 속에 매화가 피었다

chapter 4

kino drama

내가 되어야만
숨을 쉴 수 있을 것 같다

글의 수행자

낡은 낙서장에서 낯선 글자가 발목을 잡는다
누구였을거라는 막연함
생각의 발걸음은 무심코 카페 생시몽을 향했고
친구는 매일 조간을 쓴다는데
나는 석간을 써도 들이 밀 곳이 없다며
발의 코끝에서는 자꾸만 반란이 인다

수학은 인과론이다
인과는 수학적 순수를 미시적으로 태동시킨다
곧 논리적 순수를 재생시킨다
이러한 환원의 돌이킬 수 없는 응집체도 과학이다
과학은 증명 될 수 있는것만의 발견을 허락한다
수학도 인과론의 결정이지만 움직임이 둔한 결핍체다

그러나 철학은 곧 자연이다 자연은 마음이다
공식된 수학 혹은 과학으로 자연을 해석할 수 없으나 포함된다
따라서 철학의 문학적 언어는 곧 생명이다
이것은 우주의 무한궤도를 돌아
거시적 공간세계로 이끌어 낼 수 있는 가능성을 포함했을 때
가치가 있다 고로 철학적 문학은 모든 것의 함장식이다

어머니의 어머니가 그 어머니를 낳고
내가 내 속의 나를 낳고 생각이 공간을 낳고 공간이 몰입을
몰입이 사유를 사유가 언어라는 도구를 통해 시를
시는 시 속에 또 다른 생명을 그 생명은 비로소 우리에게
살아있음의 매력을 갖게 한다

이것이 진정 글을 통한 화두의 아름다움 아니겠는가

홀로 건너는 강의 통증

지난 밤
달무리 내려 앉은 풀섶을 헤치며
데리고 온 너를
내 안에 가두었다
결코
네 잘못만은 아니라고
소리없이 내 안으로 흐르는
바람을 따라
여기 서 있을 뿐이라고
너를 찾으려 헤메인
발끝을 적시던 이슬이
불 속에 섞여 꺼지지 않는 하나가 된다
그래

내 안의 바람이여
모두 빠져나가 시간을 벗겨놓은
강으로 흐르려므나

노을을 안고 도는 강으로

그리고 다시 마흔 넷

나타샤
어둠이 빛을 삼키는 시간부터 시작된 방황은
지속적인 마음을 흔들어 핸들을 고속도로로 돌리게 했지
어둠을 가르며 내리는 비는 더욱 세차게 우울을 쏟아 냈고
난 그저 울 수밖에 없었어 이 비를 사랑하니까 빗속에 안기면
포근하고 편안하니까 그리고 너무 아름다워 슬프니까
나타샤
죽고 싶을 만큼 슬프다는 것 이해 될까
지금 차 안에는 쇼팽의 즉흥환상곡 C# 단조가 흐르고 있지
볼륨26 시속 120의 빗속을 달리는 차 안에서 듣는 환상곡
곧 터져 버리고 말 것 같은 순간
그래 네 말이 옳아 추스림
나타샤

마흔넷의 시간들이 왜 이리 슬픈지
내가 터져야만 숨을 쉴 수 있을 것 같다
그동안 사랑이 무언지 모르고 살았다고
하여 그리움을 모르고 지냈다고
그저 막연하게 안개 속을 걷듯
나도 잘 모르겠어 혼란스러워
무언지 떠오르지 않아 네 말처럼 나에게 글상자가 없었다면
지금처럼 강한 아픔까지도 사랑하는 내 모습은 없겠지
때론 너의 기도에 내 등이 따뜻함을 느끼는 순간이 있다는 것을
넌 아니
고마워 그리고 사랑해 오늘은 참 따뜻했다
좋아하는 사람들 대쪽같은 L선생님 전화도 받고
늘 옆에서 쓸어주는 왕선배의 전화도 받고 그리고
너와 많은 이야기도 하고 가을비 속에서 좋은 음악 들으면서
빗속을 달리기도 했으니 이런 날이 많으면 마흔 넷의 시간들이
잠시 그리고 아주 조금만 아플 텐데

마흔 넷의 늦가을 아주 조금만 아팠으면

파가니니의 단조가 비를 맞을 때

베로니카
나 지금 울고 있어
저음으로 파고드는 파가니니의 E-minor
몸을 움직일 수 없어
숨 쉬는 것조차 미안할 만큼
너무 가슴이 아프다 시리도록
너무 아름답다 슬프도록

문득 어린 날 어느 기억에선가 휘 돌고 있는
그 섬에 가고 싶다
누우면
문 밖에 서성이는 파도소리 들으며
꿈을 꾸었던 섬 그 섬에 가고 싶어

부엌 한쪽 구석에 쳐진 울안에서
고구마 습습한 흙냄새 풍기던 어머니 품속 같던 그 곳에
나 돌아가고 싶다
그곳에 가면 내 그리운 사람들이 보고픈 사람들이

어머니 아버지 그리고
태극기가 관 위에 덮여지는게 소원이라던
군복이 너무나 어울렸던 큰 오라버니와
늘 호탕한 웃음이 멋있었던 작은 오라버니까지
만날 수 있을 것 같아 만나면 우리 함께 불렀던 그 노래

저 산 저 멀리 저 언덕에는 무슨 꽃들이 피어있을까
낮이 지나고 해가 지면은 꽃은 외로워 울지 않을까

베로니카
오늘은 그들이 많이 보고 싶다
내 사랑하는 이들 천상에서 더 아름답기를
나의 걸음이 그들을 위한 기도가 되기를
이번 생에 당신들을 만나
가난했지만 행복했었노라 말하고 싶다

유월의 들꽃을 꺾으며

길을 걷다가
네가 나의 눈길을 붙잡기에
허리 굽혀
너를 불러
내 일기 속에 묻어둔다
갈피 사이 사이마다에 스며드는 너의 향
한 장 한 장
마음을 옮겨 심으며
너의 흔적을 밟을때면
누군가에게 보낼
창호지 서필의 모서리에서
내 모습을 대신 비춰 줄것만 같아 난 오늘도
들길을 걷다가 혹은 산길을 걸으면서

부딪히는 너의 모습에 취하며
부질없는 나의 욕심은
너를
내 안에 가두려고만 하는구나

들꽃은 들에 피어야 아름다운것을

번뇌의 행간

누군가 부르고 있다 달빛 목소리로
어쩌면
깊은 밤에 새벽이슬로 남아있기를 원하는 사람일지도
혈관을 떠 다니던 내가 비에 젖고
비의 속살에 묻어있던 물방울이 숨을 쉬며
빛으로 닦아 내어도 마르지 않고
강이 되어 흐르고 있다
그 때
네가 나의 모든 것이었듯이
내가 너의 모든 것이었듯이
지금
내 안에서 내리는 빗줄기가
네 안으로 강이 되어 흐르고 있다

바람이 낮게 지나가며 하는 말

내 꽃씨 바람따라 날려 보내고 싶어
너무 가슴이 아파 숨을 쉴 수 없어
가슴에서 떨어져 나간 꽃잎들이 길 위로 날리는 모습
너무 마음 아파 견딜수 없어
이대로 죽을 것만 같다
선 채로 꿈을 꾸었어
안개 자욱한 샛강을 걷고 있었지 저 강을 건너야만
아담
당신을 만날 수 있을 것 같아서
앞이 보이지 않는 강을 헤매고 있었어
발에 수초가 감겨 걸을 수 없었지만 아프지 않았지
그럴수록 당신이 더욱 그리워지기만 해
때론 몸부림처럼 굽이도는 물살에 밀려 갈때면

당신이 있는 곳에서 더욱 멀어져가는 아득한 절망이었어
물 밑에서 나무와 새를 보았어
발을 담근 나무와 풀들 그 사이를 날아 다니는 작은 새는
핏빛 노래를 부르고 있었어 그러자
문풍지처럼 수면이 떨렸어 곧 푸른 잎들과 하늘구름이
떨리는 수면을 부드럽게 뚫고 들어와 함께 노래를 불렀지
노래는 물과 물 사이를 떠 다녔는데
들리지 않았어 들을 수가 없었어
아담 당신의 소리가 듣고싶어
당신의 입술에서 떨리는 파장을 느끼고 싶어
당신의 손 끝에서 밀려오는 그 느낌을
나 갖고 싶어 그러나 바람이 불어도
물 벽 속에 갇힌 풀꽃은 날 수가 없는 걸
떨어진 꽃잎을
아담
당신만이
당신만이 하늘로 날아 오르게 할 수 있어

나를 참을 수 없었을 때 그믐이 손 내밀었다

언제부턴가
구름을 내려놓은 연못을 갖게 되었어요
연못 옆에는
키 작은 나무가 한 그루 있었지요
누구는
나뭇잎만 보고 나무를 말했고
누구는
꽃을 피울 수 없는 나무라 했고
누구는
향기없이 곧 사라질 나무라 하였지요
마른 이파리 구르다 간
뜰 아래서
오수에 졸던 햇살이 눈을 떴을 때

나무에 걸터앉아
밤을 기다리던 낮달이 꽃눈을 낳았네요
꽃눈은 조그만 입을 벌려
낮에는 햇살을 먹고
밤에는 바람을 머금은 채 하루를 보냈습니다
얼마나 시간이 흘렀을까
수묵을 치다 떨어뜨린 어둠이
연못에 젖어 들었어요
뜰 안에 모든 봄들도 잠이 들었지요
그 때
하늘에 있던 별 하나가 연못에 빠졌어요
그러자 연못에서 말간 달이 떠 올랐고
달 속으로 내가 들어가고 있는 모습을 보았어요
지금
그 연못에는 초록초록 하늘비가 내리고 있어요

그리움보다 더 높이 나는 새

당신을 사랑하는 마음 깊어 질수록
나의 가슴은 찢기는 듯 아프기만 합니다
하여
나는 이런 사랑을 두려워 하였습니다
어느 날 홀연히
하늘에 회색구름이 크게 퍼지고
숲 속을 날던 새의 그림자마저 보이지 않을 때
나는 나의 집을 찾아 올 길을 잃을지도 모릅니다
당신이라는 환영을 안고
짙은 안개강 주변에서 서성이다가
어쩌면 실족인양
그 강을 건너 돌아오는 길을 잃어 버리고 싶을지도 모릅니다
하지만 아직은

내가 온전히 나를 추스릴 수 없을 때
나는 나의 빛이 되어
젖은 내 몸을 닦아 줄 그리움을
그리움 안에는 목마른 외로움이 스며있는
그런 그리움을 만나고 싶었습니다
시간이 우리에게 주어진 시간이 그리 넉넉하지는 않습니다
다시 시작하려는 마음으로
지친 영육의 닻을 잠시 내려 놓으려 할 때 당신을 만났군요

당신은 나의 누구인지요

젖다 혹은 떨림

비가 내리고 있었어요
당신은
비의 어둠이 달을 먹을 즈음
몇겹의 산을 넘어 달려 와
비구름을 털어내며
가쁜 숨을 몰아 쉬곤
바다로 뛰어 들었지요
이미
당신을 기다리던
바다는 젖고 있었어요
지루한 장마가 계속 되던
여름이었습니다

바다는 떨고 있었고
어쩌면
지난 해의 수난이
두려웠는지도 모릅니다
그러나 당신은
젖어있는 바다의 두려움을
마법사가 손에서 꽃을 피워내 듯
부드럽게 다스렸습니다

밤 새
신열을 내며 쏟아지던 폭우는
바다가 되었고
바다는
이른 새벽이 올 즈음
하늘의 모습이 되어 있었습니다
그
하늘 사이로 난 길을 걷고 있는 당신은
하늘빛을 닮아 있었습니다

조건반사

늘
산 아래서만 안개를 보았습니다
나를
내리 누르는 안개의 막연함에
때론
숨이 막혔습니다
곧
하늘로 오르리라 하늘로 오르리라
그러나 어제는 이른 저녁 무렵
하늘 아래에서
겹겹의 산 허리를 흐르는 안개바다를 보았습니다
가슴이 벅찼습니다
습습한 안개가 강을 이루고 바다를 이루는 모습

- 나눔의 절정 -
바로 그것이었습니다
가슴 가득 마시고 또 마셨습니다
-그가 내게 준 사랑-
바로 그것이었습니다
무릎 아래로 감기는 안개사랑을 느끼며
나는 나의 사랑을 찾기로 하였습니다
그것만이 내가 살아 온 유일한 이유이며
그것만이 내가 살아야 할 유일한 이유라고 생각하면서
막혀 오던 가슴은 여전히 머뭇 거리지만
분명한 건
사랑은 지향 이었습니다
사랑은 무형 이었습니다
사랑은 피어오름 이었습니다
사랑은 습습한 그리움 이었습니다
사랑은 뜨겁게 살아 파닥이는 가슴 이었습니다
나는
뜨겁고 강렬하게 살아 파닥이는
나의 또 다른 심장을 찾아 길을 가렵니다
내가 머무는 곳 어디든지
그도 머물며 숨 쉬는 곳
그가 머무는 곳 어디든지

내가 머물며 숨 쉬는 그곳으로
산이며 길이며 풀꽃이며 안개며 하늘이며 노을이며 바람이며
또한
나의 방에 벽에 화병에 가방에 전화에 책에 노트에
그리고 그가 준 작은 상자에 식탁에까지

나의 모든 것에 머무르는 그 사랑에게로

그대의 꽃잎이 나의 뜨락에

아마도
그건
성숙을 위한 우수였나 봅니다
성숙을 위해
하얀 눈 밭에 떨어진
매화의 선혈이었나 봅니다
절망보다 더 높이 나는 새가 되어
그리움보다 더 높이 나는 새를 기다린

하여
나를 꽃 피울
아침을 기다렸던가 봅니다
그 아침의 숲길을

걷고있는 당신에게
붉디 붉은 매화의 성숙을 드립니다

호수의 팔월에 눈보라가 치던 날

물 위로
끝없이 이어진 길을 걸었어요
팔월이 시작되었고
팔월의 하늘거리는 소매자락 사이로
눈이 내리고 있었습니다
가끔은
바람이 눈의 허리를 잡고 흔들었으나
그럴 때마다 안개꽃이 바람춤을 추었습니다

먼 듯 가까이 ……….가까운 듯 멀리

팔월의 하늘거리는 소매자락 사이에서는
자꾸만 눈이 쏟아졌습니다

물가의 대숲에서는
해금소리가 바람을 타고
온 몸으로 번졌습니다 독이 퍼지 듯
아득한 절명의 순간을 느끼면서
나는
내 안에 있는 당신을 보았습니다
이대로 삭히기에는 너무 커져있는 당신을

팔월의 눈꽃은 뜨겁게
머리에서 어깨 위로
가슴에서 무릎으로 퍼진 후
물 위로 끝없이 이어진 길을 걷는
내
마음 속으로 젖어 내렸습니다

보상 예측 오류

가을이 오고 있어요
너무도 아름다워요 낙엽지는 하늘과 구름과 바람이
그리고
노을에 물들 강과 바다와 당신의 모습도
올 가을엔 산과 흠뻑 친구 할래요
올 가을엔 강과 맘껏 이야기 할래요
올 가을엔 하늘에 내 맘을 모두모두 그려 놓을래요

보셔요
가을이 오고 있어요
들으셨나요 은초롱 달빛 아래서
초롱초롱 새벽 풀여치가 아침을 부르는 소리를
그리고

당신의 가슴에서 내가 살아 파닥파닥 숨 쉬는 소리를
올 가을엔 내 마음에 가을물감을 풀어 놓을래요
올 가을엔 풀여치에게서 가을 노래를 배울래요
올 가을엔 푸른 달 속에서 나의 당신을 찾을래요
보셔요 가을이 오고 있어요 당신은 나의 가을입니다

그러나
왜인가요 자꾸만 빛이 바래지고 있어요

그 숲으로 가다

이젠
네모진 상자에
마치 오래된 습관처럼 고개를 들이민다
길을 걷다가
하늘이 비어있다고 느껴진 순간이거나
책을 보다가
갈피마다 켜켜이 주름 박히듯
어룽거리며 꽂혀있는 그림자를 볼 때이거나
어쩌면 그 날처럼
비우울이 짙게 내려앉는
밤의 그늘이 시작될 즈음이거나
우연히 듣는 음악 속에서
소리없이 걸어나오는 그의 모습을 보며

문득 어디론가
목적 없는 기차를 타고 싶다고 생각될 때이거나
그런 순간들이면

그가 조그만 상자에 담아 준
그의 향을
그의 소리를
그의 모습을
두번 세번 그리곤 또 다시 열어
기도 속으로 당겨오곤 한다
그렇게
길을 걷다
책을 보다
흐린 밤하늘이 새벽으로 구르는 소리를 듣다
무의식 앞으로 다가서는 기차를 타면서
서글퍼지는 내 숨소리를 그의
조그만 상자에서 찾으려 한다

어쩌면
그리움으로 목이 메이더라도
나는
내일을 아파하지 않으리

발 없는 언어에 대한 고백

-차에서 당신을 느끼며 울고 있었는데/곧 나아지겠지요

-그저 이대로 있게 해주세요/나를 감당 할 수 없을 것 같아요

-이건 아니라고 몇 번이나 도리질 하면서도/결국 목이 메입니다

-자운영꽃 한아름 안고 집에 가는길 저 편에/노을이 살아있어요/
보고 계신지요

-아픈곳 없으리라 믿어/마음이 조금 평정되는 듯 합니다/
변함없이 난의 모습 갖추시길 바랍니다

-꿈을 꾼 듯/

깨어난 아침햇살이 너무 아름다워 눈이 부십니다/
마음의 병이 더 깊어지면 어쩌나

-지난 밤의 와인 두 잔이 아직 젖어있다/미치고 싶어
문학에 사랑에/그러면 그러면 숨이 멎어질까

-카프카 프로베르 전혜린 그리고 릴케를 만나지만 나의 목마름은/
비를 만나고 싶어/ 폭풍과도 같은 언어의 비

-실존과 이상의 괴리/내가 나이고 싶어/사르트르/존재는 존재 자체로
는 이미 무가치하다고

-미안해요/왠지 목소리 들으면 울컥 눈물이 쏟아질 것 같아요/감정정
리가 안되니 전 아직 어린건가요

-안녕, 메일 보냈어/
너의 지독한 사랑의 열병이 곧 나의 모습이기도 하니까

-결국 행복과 불행은 공존한다는 것을 알기에/
느낌대로 움직이지 못하는거야 바보처럼

-비에 젖어 본 사람만이 비의 언어를 안다는 그녀/

chapter 4_kino drama • 117

민감한 비의 감지 촉수/무의식 속에서 느끼는 그대

-좋은 아침 상쾌하게 시작합시다/기타 4번 줄을 가볍게 튕기며
/시원하게 하늘을 오르는 새처럼

-오라버니를 부모님 곁에 모셨더니/산비가 꼭꼭 묻어주어/
잘 보내드렸습니다/오늘까지만 아플께요

-산다는 것이/살아내야 한다는 것이 순간임을/이제야 조금은 알 것 같
아요/오늘은 어제보다 더 소중히 보내겠습니다

-첼로의 낮은 현을 타고 흐르던 비에/그의 목소리가 아직도 젖어있다/
거울을 보듯/빗 속을 맨발로 찬찬히 들어가 보니/거기 그가 있었다/
그래서 더 아픔이었나보다

벽에 그려놓은 발 없는 언어에 대한 독백
사십의 계절이 너무 많이 아프다

상쇄의 chapter, 수도원

한 점 살덩이
단지 그 뿐이었던것을
허망의 고갯길 넘기가 왜 그리 버거웠을까

발끝에 마비가 올 즈음 당도한
바다가 먼 내륙의 한 가운데
지리산자락 산청의 외딴 마을 한센촌
수도원의 인연을 만나러 갔으나
하얀 찔레꽃만 흐드러지게 반긴다

수도원 옆에 자리한 수많은 생의 흔적들
묘비명의 영혼마다에 깃든 설움을 읽으며
늦은 산길을 오른다

작은 기도소 앞에서 발길을 멈추고
성 마리아의 묵주에 마음을 내리자
숲 한 켠 움푹 파인 십자가에 별이 쏟아진다

울컥
온 몸이 울며 떨고 있다
난 너와 같고 넌 나와 같구나
누군가 다녀간 흔적들
얼마나 고통스러웠을까
인내의 순간순간들은 참으로 힘들다
숭고한 그의 발걸음에 화살기도를 보내며
산을 내려오는 마음에 순백의 찔레꽃이 날린다

한 점 살덩이
단지 그 뿐이었던것을
허망의 고갯길 넘기가 왜 이리 버거울까

chapter 5

블랙홀

빛은
생명이 성장 할 수 있는
조건이었다

경우의 수

필요충분조건으로의 충족
가능할까
모든 관계에서

내가 너를 만났을 땐
비 내리는 그런 날이 좋았고 맘이 편안했고
하여 설레이는 노란 우산을 펼쳐 들고
꿈이 자라는 신작로 가로수 길을 걸었다
우산 위를 톡톡 튀며 구르는 빗방울 마저
마냥 사랑스럽고 어쩜 그리도 청아한 소리가 나던지
그렇게 세상은 아름다웠다
그런 모습을 시샘하듯
조금 파인 웅덩이를 지나가던 버스가

길을 씻은 어둔 물을 튕기고 저 홀로 달아난다
무슨 일 있었냐며
그 때 깨끗한 순수와 얼룩진 우울의 교차로에 서있는
너를 발견했다

正 反은 있는데 合은 일시적이지 않은가
일시적이라함은 곧 사라질 가능성도 지녔다
더 상처받지 않기 위해 더 울지 않기 위해
좀 더 솔직해 지려고
돗자리 위 바둑판에 경우의 수 한켠을 남겨 둔다

블랙홀의 여정餘情 홍련암

암벽과 암벽 사이에 기와를 얹은 암자
그 방안의 마루에는 네모진 작은 문이 있다
문을 열어 찬찬히 보면 바다의 전설이 드나든다

하루를 접는 저녁 종송이 울리기 전
오늘 이 시간 여기 이 자리에 앉게됨을 감사하며
잠시 명상에 든다

전설이 궁금하냐고 파도가 묻는다
파도자락을 따라 끝 없는 길을 나서자
자진모리의 기도문이
얼음판 위에서 꼿꼿하게 팽이 돌더니
초성의 묵언염불을 휘모리로 몰아쳐

어둡고 긴 동굴 속을 지나 마침 진공에 들려는데
딱
강한 어조의 죽비가 소름치게 불러낸다
아쉬움의 블랙홀 여정餘情 이었다

관록의 수행자가 묻는다
'느낌 말해 보세요'
풀리지 않은 여정에 아직 혼미하다
'블랙홀이었나요 공부의 길을 권하고 싶네요'

많은 계절이 지나 다시 그 곳에서
그 때의 인연자를 만나려해도 이미 길을 떠나고
봄 날
물결이 따뜻한 암자의 앞마당 바다에서는
늙은 해녀의 숨비소리만 파도에 감긴다

조금은 가볍게 살자, 삶

젊은 그 계절
금방 하늘이 내려앉을 것처럼 우울이 짙어도
행복함을 느끼던 순수가 있었다
긴장된 삶의 연장 속에서의 회색우울은 오히려
자기 존재를 확인하는 시간을 갖게하기 때문일까
이런
의식적인 생의 순간순간은 아름답다
완전한 절망과 완전한 환희와
완전한 순수를 꿈꾸는 탓이리라
사랑속의 사랑을 찾아 꿈꾸며
의식속의 존재를 찾아 고뇌하며
님 없는 님의 품에서 시를 엮어 드리울 그 날
참 아름다운 사랑을 하였노라고

참 아름다운 사랑을 보았노라고

예지의 혜안으로 번득이는 나를 적당히 잘라내는
의식의 숲과 바람 그리고 절제된 사랑
외로움을 즐기고 사랑하는
내 젊은 계절의 자화상

고뇌의 휘파람

밤새 별이 뒤척이다 낳아 놓은 새벽이슬이
채 마르기도 전에 바람은
말없이 안으로 흐르고 있는 물소리를 따라
나무들이 벗어놓은 허물을 밟으며
너에게로 간다
살 속에 박힌 바위 그 바위를 가르며
눈을 뜨는 생명마저 다스리는
하늘 안은 산을 사랑하게 되었을까
숨소리 흥건하게 배여 나오는 이곳에서
피다가 소리없이 질 들꽃으로 남고 싶다
골은 깊어
돌아올 길은 아득한데

지금
내 안에는 무너뜨리지 못하는
커다란 산 하나 자라고 있다

실수와 허수의 괴리

해 질녘
그 산의 노을은
저문 강에서 푸른 물고기가 날아 오르는 것을 보고 있었다
산 주변으로
뻐꾸기 울음이 질펀하게 새벽을 쏟아내면
별이 구르고
달이 구르고
그리고 물수레에 밤이 걸렸다
밤은 박쥐처럼 터널의 천정에서 물구나무를 선다
저녁 노을이여 울어라
터널의 어둠속으로 미어지는 가슴을 구겨 넣어라
새벽은
어제의 이슬을 만드는 법을 잊었다

모든 쓴 걸림을 건너라

새벽 즈음
그 산의 노을은
이른 강에서 푸른 물고기가 날아 오르는 것을 보고 있었다

일탈이라는 유혹의 손짓

욕조에 물을 받는다
노을을 씻겨야만 된다고 생각했으니까
아침에 묻은 바닷바람과
머리에 종기가 나도록 골몰했던
일탈을 헹구고 나면
욕조에서는 탐스런 달이 떠올랐다
물방울 뚝 뚝 떨어지는 달을
궁륭의 허물 속으로 밀어 넣으면 말간
참 이쁘기만한 별꽃이 소록소록 피어난다는 것을
이제 조금은 알 것 같다
마흔을 웃도는 여름달이 붉다
그에게서 느껴지는 여름향이 더 붉은 탓인가
달 속에서 노을이 쏟아진다

가슴 가득 젖은 노을이 그리고 달빛이
돌이 되었다

바람을 마실 때마다 숨이 가쁘다

그 남자가 그려내는 안개숲 속의 작은 새

그를 만난 건 초여름이었다
이제 막 푸른 이끼가 소나무의 등허리에 업힐 즈음이었다
초당동 솔 숲 사이의 고가에서는 지붕에 새 기와를 얹고 있었다
묵은 먼지를 털어내 듯
누렇게 절어있는 생각들을 지워 버리려고 핸들을 잡았다
7번 국도가 동남향으로 길게 드러누운 곳
어디든 상관 없이 가리라며 엑셀을 밟았다
추암을 지나며
강릉에서 점점 더 멀어 진다고 느껴지자 겁이났다
뚜렷한 명분 없는 여행에 서툰 탓이다
물이 맑은 바다가 바로 내려다 보이는 한적한 길에 차를 세우고
망연히 어쩌면 넋을 잃은 무아지경에 놓여 있었다는 것이
더 적절한 표현일 듯 싶다 목적 없는 생각

그 시작과 끝을 가늠하지 못하는 공간의 지속이 이어지자
지루했던 파도는 차 안으로 물방울을 털고 있었다
그를 만난 건 그 무렵이었다
물방울과 함께 그가 조금씩 조금씩 내 옆자리에 앉게 되리라는 걸
그 때는 의식 할 수가 없었다 핸들을 반대 방향으로 꺽자
산은 안개를 그리고 있었다 안개비 였다
안개비의 휘장을 걷으며 그는 서서히 내게로 왔다
처음에는 안개 섞인 목소리로 다음에는 점층적인 활자의 모습으로
낮과 밤의 백일을 몸살로 견디어 온 안개숲의 동굴 속에서는
상처입은 영혼이 가늘게 떨고 있었다 누군가 옆에 있어도
마지막 남은 숨소리조차 들을 수 없던 시간
그가 보낸 수 많은 활자들이 암벽에 꽂히자
동굴은 피리소리로 잠을 깨기 시작했다 안개를 헤치고 산을 올랐다
새로운 도전이란
그 자체의 인식으로도 이미 해 볼만한 가치가 있는 것이다
안개가 번뇌의 손을 내 밀었다
산 속에서 길을 잃고 철저히 홀로고독이라는
그 허전함을 파고드는 유혹의 날개짓이 아니었어도
주어진 번뇌는 감내해야 할 조건이었다
버석거리는 내 영혼의 이마에 그의 입술이 길게 강을 그려 놓았다
만약 태양이 안개를 젖히고 빛을 뿌린다면 곧 사라지고 말 강이었을까
그를 만날 때면 늘 안개가 강을 이루고 있다

그가 그려내는 안개강 속에서 나는 한동안 잃어 버렸던
유리펜을 찾았다 잃어 버리고자 했던 유리펜에서
잠자고 있던 영혼이 번식을 시작한다
그리고 그 영혼을 통해서 들어 온 건 빛이었다
그가 보낸 빛의 메세지는 너무 강렬하다
그의 DNA는 내게 와 뇌파의 흐름을 자유롭게 움직인다
빛은 생명이 성장할 수 있는 조건이며 습습한 안개의 깊은 강은
인식의 흐름이었음을 그는 알고 있었을까
어쩌면 그와의 만남은 아주 짧은 찰라적인 시침에 불과하지만
그가 내게 준 그 큰 힘의 원천이 사랑이었다는 것을 그는 알고 있을까
진화가 이루어지고 있지만 다윈은 어디에도 없을지 모르는데
잊을 수 있을지 아무일도 없던 듯 체념하고 살 수 있을지
아무일도 없었던 듯 죽어 갈 수 있을지

초 여름 풀꽃 향기에 비가 내릴 때

질식 할 것 같다
열병이 도진 듯
보고픔은 여지없이 비를 부른다 얼마나 더
이런 목메임의 시간들이 지나야 하나
밤은
그녀의 검고 긴 머리채를 끌며
깨알 같은 문자 위에서 뒹굴고
그와 함께한 전화기의 영상에서는
가을 낙엽이 소리없이 떨어진다
차라리
바람처럼 미련없이 지나간다면
온유월 땅을 불태우던 열기의 시간들이 이토록
가슴 절절이며 막혀오는 통증이야 없으련만

가을 시집에 금이 갔다
금이 간 틈새로
부드럽게 몸을 감싸던 바람이 휘청 꺽인다
미친 듯
마치 거리를 배회하며 울부짖는
미친여인의 몸부림처럼
숨막히는 여름을 토해내며 길을 달렸다
길 위로 쏟아지는 바람이
가을을 세뇌하려 뒤척일 때마다
뼈의 마디 마디가 힘겹게 땅 속으로 젖어 내린다
창 밖엔 여전히
굵은 빗방울들이 세차게 문을 두드리지만
초 여름 풀꽃 향기의 빗장 친 마음은
고름을 풀려 하지 않는다

가을 시집에 수를 놓으며
고름속에 꼭꼭 여며 놓은 그의 모습이
오늘은
온 밤 내내 그리움으로 흐른다

바람아 내 영혼이여

그리워 그리워 너무나 그리워서
유월의 능소화 그늘 아래
타들어 가는 심장에 별을 심으며
너를 부른다
바람아
네가 풀잎을 스치는 소리에도
나는 숨이 멎는구나
아무도 건너지 못한 강을 너는
목을 조르며 혈관을 파고들며
마침내 심장에 와 꽂히는구나
사랑한다고 사랑한다고
얼마나 더 말해야
바다가 되고 하늘이 되고 우리가 되어

가슴은 풀어질까
말하지 않아도 목마른 사슴 눈 속에서 걸어나와
나에게 스며드는 것을
우리는 알고 있다
손꼽을 정도의 시간만 허락되어도
하늘에 고마운 것을
이렇게 뼈 속으로 휘돌고 있는 너를 불러 보지만
잠재울 수 없는 아픔은 어이하랴

숨이 멎는 순간까지 널 사랑하리라
바람아 바람아 내 영혼이여

미치지 않으면 결코 미칠 수 없는

가랑비에 옷 젖듯 스며든 그리움이
강물되어 사무칠지 알았다면
숨을 쉴 때마다 아파오는 통증으로
가슴에 돌단을 쌓아 올리지는 않았을 것을
보고픈 그리움에 서러워
바람따라 구름따라 그저 가면서
그러다
산을 넘고 강을 건너면
가슴에 옹이진 그늘이 벗어지려나
가며 가며
더러는 길 섶에 내려 놓기도 하면서
더러는 빈 하늘에 던져 보기도 하면서
더러는 바람결에 날려 보내기도 하면서

더러는 강가에 매어둔 나룻배에 실려 보내기도 하면서
그러면
오랜시간 안개 숲을 거닐었던 그리움이 벗어지려나
안개 숲을 거닐면서 젖어 든
옷을 말릴 수 있으려나
그러나 나는 알았네
길에도 하늘에도 강가에 매어둔 나룻배에도
그리고 바람에게서도
안개 숲을 거닐면서 촉촉히 젖어 들었던
내 그리움의 옷은 말릴 수 없다는 것을 나는 알았네
무시로 찾아드는 그리움의 시간을 상처처럼 안고 산다면
아무것도 할 수 없다는 것을 더는
할 수 있는 그 무엇도 없다는 것을 나는 알았네

멀리 하려고 애쓰면 그럴수록 더 다가서는 그리움
그건
안개그리움이 짧은 햇빛보다 더 자라 있었기에
뿌리 깊은 사랑은 쉬이
큰 바람이 불어도 뽑히지 않는다는 걸
나는 사십을 중반쯤 넘기고야 알았네

그 바다에서는 너의 향이 난다

그 밤의 바다에서는 소라의 고동이 울렸다
손을 잡고 모래사장을 걷던 너의 머리위로
배꽃이 흐드러지게 떨어져 내리고
나는 그 꽃들을 모아 소라의 꿈 속에 담았다
그 밤 이후
하늘이 별을 쏟아 내는 새벽녘이면
발 끝으로 파도를 자문자문 밀어내던
소라는 껍질을 벗기 시작하고
들창 너머의 초막으로 간 고동소리는
하얗게 하얗게 밤을 앓는다
그 날
너의 가슴에서 울리던 소라의 고동이
이 밤엔 내게로 와
은빛 들꽃으로 환히 피어나는구나

돌고 도는 모순

쉬
잠이 들지 못 할 듯
철이 없는 탓인가
오늘에야
조금은
무언가 알 듯도 하고
동그라지는
마음이 이제야
눈에 서성이는데
어이할거나 어이할거나 어이할거나

삶의 리셋에
이미 무녀는 없고 신들린 행위만이 있듯

음악가는 없고 무대엔
그의 내면세계만이 존재할 뿐
끝없는 사막을 적셔가는 바람처럼
영혼을 부르는 소리 소리 소리는
끝없는 갈증만을 부르는 바닷물 마신
그저 애타는 목마름의 울림이어라

술병 속으로 달의 빛 하나 스러지고

왜 그랬을까
왜 그러했을까
이 겨울 벗기면 이화는 월백할진데
왜 그래야만 했을까
너무 아픈 가을비였다
비에 젖어 힘들어하던 나를
아직 남아있는 투명한 가을 햇살에 말려야겠다
빗 속에서 음악 속에서 그리고 스치는 바람에게서
수백편의 소설을 읽었다

서경덕은 이르기를
서책을 읽되 시를 짓지말라 하고
시를 짓되 정을 담지는 말라하며

굳이 정을 담아야 할 순간이 오더라도
거기에 온 힘을 쏟아붓는다면
도를 배움에 방해가 된다는데
초조 달마에서 육조 혜능까지의 게송은
씨앗과 땅과 비와 정의 인연으로 인한 노력이 있어야
꽃을 피우고 열매를 맺을 것이라며 주고받는 반조의 마침표

도는 배우는게 아니라 스스로 체득해야 하기에
이 가을비가 더 아픈거 아닌가
술병 속으로 달의 빛 하나 스러지고
지금 나는 아픈 그 술을 마신다

계절, 나를 읽다

볕이 좋아 집을 나선다
이른 가을이다
어디로 갈까

바다의 솔숲정원
남애의 갯마을 한적한 쉼 공간을 빌려야겠다
포말에 깃든 작은 햇살 한 줌 받으며
해풍에 그을은 건강한 미소 한 스푼도 챙기고
쓸데없이 더부살이하는 생각도 털어내고
그 구조적인 틀에서 벗어날 수 있도록

바람결을 순항하는 갈매기의 시간들
저 파도 갈피 어디쯤 길이 있으려나

거짓된 계절 속에 숨어 내내 울던 진실의 날들
더 이상은 계절이 버겁지 않기를

오래 삭힌 일기의 연혁이 쏟아낸 말의 어간에
쉼의 고요가 앉는다 편안하다
그래, 나를 고향에 두고 온 이 지구에서
나는 그저 집도 절도 없는 낯선 이방인 이었지
다시, 옥잠화 은은한 향으로 달려보자

파도가 여백의 저녁하늘에 번지는 오늘
나의 또 다른 유적지를 다녀간다

나의 데이터는 지금 로밍 중

1598...
1895...
1958...

존재의 본질을 수행하기 위한 양자역학
양자장 입자가 늘 생각 속에서 맴돌고
그 입자는 다시 자기장화 되어야
금생에 태어나 이 길을 가는 걸음걸이에 합리화가 되련만

1598...
1895...
1958...

왜 이리 고심으로 방황하는 건가
왜 이리 불신의 덫에 걸리는가
이 논리가 맞지 않으면
이 해석이 오류라면 난 또 다시
다음 어느 생의 그 무엇으로든 이월되어야 하는건가

1598…
1895…
1958…

지나온 발자욱을 돌아보며 쓰다듬는다
여한이여 없으라
거센 폭우로 붉은 홍수로 남김없이 내다 버리라
그리고 머뭇거림 없이 웃으며 고향 가자

선택,
그리고 입 속에 매화가 피었다

chapter 6

얽힘의 재구성

선택이라는 흔적
그리고
치유를 위해

초의식 에너지 흡입

설 익은 봄 날 기도문에
예기치 않은 좌정이 스캔된다 익숙한 듯
늘
실존의 프로그램에는 없던 현상들의 작용이다
하여
거듭 체기가 돌았고 난 누구냐고 묻기도 버거웠고
이미 죽은 과거는 강에 떠가고 있는데
이입과 대입의 흔적을 찾기에 골몰할 때마다
쓸데없는 얽힘의 책만 쌓여갔다
훗 날 어쩌면 그 책의 기록이
나를 찾아 재구성 하는 도구가 될거라는 믿음에

우주 한 공간 어디쯤에선가 기다리고 있던 자아

의식의 빛이 비추는 본향을 따라 가자는 순간
흡입되는 자기력의 공명 전류가 정수리를 타고
온 몸으로 퍼진다 파동에너지가 일체되자
실존의식은 명료하여 소리의 움직임도 감지하는데
몸은 손끝 하나 스스로 움직일 수 없다
즉입과 보류의 경계에서 망설였다 선을 넘을 것인가
의식이 현상에 머물며 한기를 느끼자
인식은 피돌기를 명령하여 몸은 곧 따스해졌다
즉입선 경계에서의 망설임만 삭제한다면
언제든 마침의 선택은 내 몫이다

우주의식 에너지와 하나 되었다

정유년 사월의 하늘 별 그리고 이데아

지나고 보니
마음은 평온하면서도 머리는 늘
긴장 속에서 숨막히게 달려왔고
그것은 또한 내게
과거와 미래 속에서 현실을 살게 했다
오직 단 하나
영상의 재현을 잡고
채집한 영상을 다시 문자로 그려서
보고 확인해야만 했다
그림이거나 문자이거나
그것들의 결집된 생각이나 상황들이
서로서로 읽혀져서
끊어짐이 없어야하기 때문이다

원인없는 결과는 없다
인과를 찾아야만 했고 잡아야만 했고
치료를 서둘러야만 했다
주관적 창조의식 아뢰야식
오직 아뢰야식만이 미션을 해결 할 수 있다
기록된 정보인식을 통해
내가 내게
주어진 문제가 무엇인지 알 수 있고
그 문제의 실마리를 풀어나가며
결론을 짓고 목적을 달성할 수 있기에

플라톤의 이데아론에 봄내음 그득하다

물 잠자리의 우화

내가 세계를 느끼기 전 수면은 고요했다
이미
빛은 길 밖으로 튕겨져 나갔다
물이 조금씩 젖기 시작하면
바람조차 내 몸을 탐닉하지 못하는
굳은 강 아래 떨며 봄을 기다려야 했다
누구든 한번쯤은
정수리에서 기울며 식어가는 해를 돌아보면
실핏줄처럼 엉켜진 줄기의 맥들이
서서히
빛을 잃어 가는 것을 본 적이 있는가
오랜 시간
습한 기억의 소용돌이가

갈대 뿌리 속에서 숨 죽인 나를 휘감을수록
점점 투명해지는 몸
이 강이
닫혀진 입술을 열며 물 무늬를 그리는 날엔
조금씩 비어 가는 나무등걸에
나를 벗어 놓으리라
비록

아주 잠깐 동안의
희디 흰 공기를 마실 뿐이지만

떠나지 않았다 겨울봄비

찻잔에 띄울 매화향을 따라 서성이다
올려다 본 하늘은 잔뜩 긴장해 있었고
벌레 먹은 듯
몽롱한 의식 속에 들어와 있는 시간은
거리를 배회하게 만들었다 그러다 문득 생각난건
기차를 타야만 나의 허전한 무언가를 찾을것만 같았다
어쩌면
그 무언가를 발견하지 못한다 하더라도
잠시동안은 일탈의 행복감을 느낄 수 있으리라
역 앞에서 개찰을 기다렸다 비가 오려나
벌써 겨울도 해가 기울었다
기운 해의 작은 빛으로 그는
다가오는 어둠을 찾기라도 하려는 듯

찬찬히
물 아래의 나를 살피고 있었다
그건 어쩌면 확인 이었는지도 모른다
기억에서 지우지 않으려는
작은 주름 하나에도
한 올 흰 머리카락에도
오랜 세월이
그렇게 우리가 모르는 세월이 흐른 뒤에도
우리의 기억속에서 사라지지 않을 모습이었으면

꿈을 꾸었나보다
비가 내린다 그리고 기차는 떠나지 않았다
찻잔에 매화향은 그윽하건만
차가운 겨울비는 이 밤 새이도록 서럽게 내리고 있다

가슴의 걸음걸이는 잴 수 없다

그 시간엔
땅거미가 머뭇거릴 시간이 아니었는데
바다 한 가운데서 일던 바람이
가만가만 산등성이로 올라와
기어이
가슴을 터트리고 간다
잴 수 없는 걸음걸이다
한 폭이다 싶으면 두 폭이고
두 폭이다 싶으면 한 폭에 머무르는
잴 수 없는 가슴의 걸음걸이
터지면
지혈이 안되는 불치병으로
자생능력이 부족한 내 심장의 조직을 본다

잘 짜여진 프로그램은 아닌 듯
설익은 저녁식탁에 초대를 했다
그리고 나는 별 하나를 삼켰다
소화가 힘들다
위벽은 움직임이 겨워 울음을 토한다
너무 아프다 아파서 숨을 쉴 수가 없다
별이 가슴에 깊이 박혔다

바람 한 점이
휙
허무를 이끌고 간다

침묵의 고해

여보게
걱정하지 마시게나
혼란스러워 하지도 마시게나
바다는 시원하게 트이기는 했으되
가까이하여 마시면 마실수록
갈증만 더 하다는 사실을 인정하여야 하지 않겠나
다만
형형색색의 자기 모습대로 살다보면
그저 살아진다는 것도 인정해야 하지 않겠는가
하여 고백컨데
지금까지 애써 살아낸 영육의 방황이
조금은 어리석음 이었다는 것을 이제야 알 것 같다네
각자 자기만족에서 행복해하면 그것으로 족하다는 것도

이제야 알 것 같네
부질없었다고
나도 좀 더 세월을 솔직하게 삭이고 나면
그리 말할 것 같다네
그것이 두려워 때로는 온 밤 내내
번뇌가 파도를 탄다네
다음 날도 여지없이 동은 트지만
번뇌의 고해를 마친 아침이면
의식이 몽롱한 체 또 다른 항해를 시작하곤 하지
그렇다고 우리들 인생이란 것이
대어를 낚으려 허둥대기만 했지
무덤에 어디 들여놓을 곳이나 있던가 말일세
다만 내 죽어
내 사랑하던 이들의 눈물방울이 떨어진 무덤주위로
풀꽃이 초록초록 피어나는 곳에 묻혔으면 좋으련만

여보게
여보시게 그대는 그리 생각지 않는가

겨울 午睡에 낚시를 드리우니

음력 십이월의 차가운 햇살이
격자무늬 한지 위를 튕기며
소슬하니 방바닥에 뒹굴다 오수에 졸고
처마 끝 풍경은 얼음 깨는 소리로 아우성인데
그 틈새에
꼼틀거리며 하품을 하고있는 겁 없는 녀석들
쌀벌레다
엄지와 검지가 나섰다 무례하다며
너무 힘을 주었나 언 홍시의 껍질 벗겨지듯
세상사 잡다한 허드렛 이야기들을 쏟아낸다
이번엔 부드럽게 얼러가며 잡았더니
인생사 드라마를 장황하게 뿜는다
소름 끼치는구나 다시 또 잡으려다 아예

그들이 온 곳을 거슬러 가 보기로 한다
양지바른 곳 혹은 그늘진 곳
드러난 곳 혹은 후미진 곳
지금 먹을 것과 나중 먹을 것을 저장해놓은 곳간
혹은
지금 먹고 버린 것과 오래전에 먹고 버린 것들의
습기라는 이름 틈에서 살아났고
또 태어났고 또 살아나고 또 다시 태어난다
겨울 오수에 낚시를 드리운 뇌가 간지럽다
뱉어버린 시간들과 쓰다버린 음식들과
떫은 감정의 옷들을 버린 쓰레기통을 뒤지며
쌀벌레가 살고 있었구나
일대사인연의 절규가 심장을 가른다

그대 허공에 나있는 길을 보았소 혹은 찾은게요

되찾다, 나를

누군가 물었다
너 윤회가 뭔지 아니
아스름
현기증 앓던 베로니카는 전혀 알 수 없었다
정오엔 어김없이 울리는 삼종소리가
수녀원 앞마당 청년들의 공놀이에 펼쳐지면서
성당의 높은 천장이거나 혹은 대리석 바닥이거나
귀를 세우며 물어도 내겐 인색했다
아마 그건 1:1 대응일거야

사랑하는 사람들을 하나 둘 셋 넷 잃어가면서
늘 곁에 머무른건 마른 슬픔 뿐이었다
인생의 시간이라는 예술도 아팠고

백지를 메워 나가는 잉크의 목마름도 아팠고
누군가 써 내려간 잉크의 흔적들에 이입됨이 슬펐고
풀잎 끝에 매달린 빛 밝은 이슬이 너무 아름다워 슬펐고
현악이거나 건반이거나 타악이거나
마음을 온통 뒤흔드는 음의 선율이 슬펐고
한 낮을 검게 만드는 폭우의 목놓음도 슬펐고

그랬다
늘 곁에 머무른건 마른 아픔 뿐이었다
그 시간들이 죽음의 색으로 물들어 갈 무렵 어느 날
선물을 받았다 나를 찾는
그 선물이 고향행 티켓이라는 것을 알기까지는
오래 걸리지 않았다 그 이전의 지혜 함수관계 공식에서
적용법을 이미 배우게 했고 배워야만 했고 배워 익혔으므로
이제 받아 들이는 여부는 온전히 내 몫이다
시절인연은
정해진 답을 찾았다면 바람이 잡고있는 옷자락을 자르라 한다
그리고 마침표를 찍으라 한다

윤회란 1:1대응과 1:多대응의 연속성이므로 끝없다
자아를 되찾고 그것이 허공의 손짓이란걸 알기까지

더 단순하게

탈출을 위한 탈출을 하기로 마음 먹은 날

꽤 오래도록 지켜왔던 책임을 보냈다
꽤 오래도록 지내왔던 근심과 작별했다
꽤 오래도록 함께했던 관념들을 내렸다
꽤 오래도록 지배해 오던 서재를 비웠다
꽤 오래도록 시중들던 집기를 버렸다
꽤 오래도록 감싸왔던 허물들을 태웠다
꽤 오래도록 관심두던 군상을 치웠다
꽤 오래도록 지키려 노력했고
꽤 오래도록 애타하며 지내왔고
꽤 오래도록 가치롭다 함께했고
꽤 오래도록 파묻혔고

꽤 오래도록 지탱했고
꽤 오래도록 가꾸었고
꽤 오래도록 습관으로 사랑해 오던 것들
꽤 오래도록 어울린 듯 안어울린 듯 했던
언젠가 너를 한번은 더 찾을거라 생각했던

이젠
시간도 버리고 자신도 버리고
그렇게 한 걸음 더 멀어지며
버리고 또 버리는 비움의 단순함으로
얽매임에서 벗어나는 즐거움을 얻었다 가볍다
보인다 내가 찾았다 나를

시간의 찰나를 기미하다

새벽 공기를 마시며 내 속을 걷다가
대웅전 뜨락에서 본향을 향해 반배를 하니
숲이 쏟아내는 독경소리에
이름 모를 새들은 목탁을 치고
계곡으로 흐르는 물은 절로 흥겹다

어느새
유월의 푸른 달빛이 마당을 쓸고
바람은 살그머니 심우心牛의 견적見跡을 내리면
별은 그 위에 그림을 그린다
내 안의 나와 마주하면 오롯한 자성만이 남아
그러면 환아정례심제불還我頂禮心諸佛 할 수 있을까
곤鯤에서 붕새의 날개짓을 하며 훨훨

노자에서 장자를 건너 일승법의 니르바나
그 적멸의 나라를 향해

말을 버려야 겠다
어쩌면 답을 구하려는 것도 버려야 겠지
그리고 숨을 쉬고 있다는 것도 잊어야 겠다
지금은 산사의 새벽 종소리가 나를 읽고 있으니
모든 것은 이 순간에 맡기리

기도의 문을 연다 누구일까
법당 한 가운데 윤회의 옷자락
이른 참선을 하고 있는 그의 어깨 위로
꽃이 피어나고 있다
침묵이라는 그 따뜻한 법어의 꽃이

탈출을 위한 탈출의 시그널 무명초

새벽 산문을 열던 달빛도 산인삼매에 드는 아름다운 산사
별을 헤며 잠을 털어낸다.
이 목숨 다하여 당신을 사랑합니다
법당에는 헤다만 별들이 떠있고 그 별들 중 하나가 가까이 오자
분신처럼 아끼던 검은 머리카락들이 무릎 아래로 우르르 떨어진다
그 위로 다시 굵은 물방울이 떨어지고
이 목숨 다 바쳐서 당신을 사랑합니다
찡한 코끝은 심장으로 전이되어 고동친다 몇 생을 거쳤을까
저 검은 머리카락 사이로 켜켜이 웅크리고 있던 미련과
또아리를 틀고 안착해 있던 번뇌가 뱀처럼 길게 쏟아진다
마치 오래된 초가의 지붕을 걷어내고
그 속에서 잠자고 있던 검은 기운을 몰아내듯
싸르르 싸르르

무명초라 하였던가 오래도록 어둠에 익숙해 있던 무명초의 흔적이
잊혀 질 즈음 밝은 기운은 나를 허공으로 밀어 올리리라
날카로운 면도날의 쇳소리가 아득해지자 이내 싸한 냉기가 피돌기를
멈추게 한다 고맙습니다 이 목숨 다 바쳐서 당신을 사랑합니다
너무 추웠다 너무 추웠기에 따뜻한 빛이 단 한 줄기의 빛이 그리웠다
그 간절한 그리움이 하늘에 닿았을까
존재가 쓰고 있던 올무 같은 항아리
빛을 거부하는지조차 모르고 빛을 거부하던 항아리가 지금
녹아내리고 있다
그리고 그 빛은 존재를 감싸 안는다 따뜻하다
진흙 속에서 피어오르는 백련 봉오리인 듯 빛을 받아 더욱 곱다

확률에 의한 결정
아! 그물에 걸리지 않는 바람이어라

그 새벽 검은 숲의 사람들은

입고있던 장삼을 달에게 걸어놓은 새벽
마른 수숫대의 빈소리 걸러내는 바람은
걸망을 메고 들로 간다
아직 눈뜨지 않은 수풀을 헤치며
걸어가는 바람의 영혼
기슭에 놓여진 덫을 아는 듯 모르는 듯
순한 표적이 되어야만 한다
꿈이 닿지 않는 검은 숲을 나는 새의 날개가
아침을 피워 내리라는 건 그 저녁
별이 물결치던 하늘도시와 함께 사라졌지만
수 천리 유배지에서 따라나온 육탈이 덜된 욕심
그것이 죄라면 들리는가
거친 말발굽이 들판을 휘삼을 때

손때묻은 흙 속에 묻혀지는 저 한숨소리를
죽어 꿈틀거리는 시린 잔등 위로
먹을 갈아엎은 구름이 쏟아지고
애써 언덕을 오르던 말똥구리의 진흙우주도
헝클어진 묵밭 속에 감추어진 물웅덩이로 떨어진다
오오 그대 검은 숲이여
바람이 원하는 건 대리석 계단이 아닐지 모른다
검은 숲을 환히 비춰줄 유성 한 줄기 였을지 모른다

마른 풀잎들이 자리를 털고 일어서면
잊혀진 무게만큼 식지않은 가슴만큼
묵정밭에 죽지 접은 바람의
숙숙한 숨소리로 채워지리라

광부의 신화

강 언저리
물줄기를 잡고 안개는 거대한
구름도시를 빠져 나간다
부디 살아서 돌아오시게나
아슴하게 들리는 메아리

어둠이었다가 또는 빛이었다가
어느 누군가
흙의 흔적으로 되돌아간 바람벽에
안개비가 젖을 무렵
산등성이에는 형체 없는 소리들이 먼저 올라 있다
언젠가 내가 벗어버린 그 소리들이

새벽이면 피어 오르는
그 강의 안개는 오늘도 그리움을 낳고 있다
수 억 년 다져진 지층을 떠돌던 그림자
지층속에 묻어 두었던 시간을 채굴하기 위해 강을 건넌다
이미 안개는 비탈을 더듬고 있었다
갱의 입구와 출구는 하나 뿐
한 평도 되지않는 수레에 헐거워진 몸을 싣고
어머니의 젖무덤으로 서서히 빨려든다
검은 동굴 속
쓰디 쓴 쑥을 삼키던 웅녀는
어둠의 살 속에서 빛을 낳고 있었다
그 빛들이 꿈을 벗어내고 있는 사이를 헤치며
짐승의 먹이조차 될 수 없는 깊은 암반 속으로 내려간다
영혼의 피로 불을 밝혀 재가 남으리니
태초에 내가 원하지 아니 하였을 곳에
단 한포기의 풀꽃으로 피고 싶어
검은 옷을 입은 거대한 박쥐의 발톱과도 같은
땅덩이의 심장부를 향해 힘껏 곡괭이를 치켜든다
치켜든 곡괭이가 휘청 꺽인다
숨이 차 오른다
숨자락 끄트머리에 노을이 보인다
가슴이 뜨거워진다

실낱처럼 새어든 물줄기가
벽을 가르는 소리 나를 씻어 내리는 소리
아라리 아라리 아라리요

키가 낮아 더욱 시려 보이는 지붕들 사이로
새벽이 들어 앉자
각혈을 하듯 토해내는 시간을 끌어안고
안개는 잠시 사라진다

모세혈관이 뇌에서 터지던 날
나는 지뢰를 밟았다
저 강줄기의 맥이 꿈틀거리는 오늘도
샛강에 안개는 피어 오른다
부디 살아서 돌아오시라는 그 메아리로

발효로 묻고 숙성으로 답하다

겨울 속에서
원효의 낙엽이 수북한 가을길을 걷는다
깨어나면 여울에 피가 돈 흔적은 없으리라

바람이 강물결을 새김질 하 듯
태양이 내 영혼 깊은 곳에서 다시 떠 오르길 기다리며
나뭇잎 냄새가 그리워 지는 곳
그 곳이 어디든 떠나고 싶다
어쩌면
절벽에 멈춰버린 물 줄기를 끓는 가슴에 밀어 넣고
허물 벗어 내리 듯 나를 벗어 나고 싶은지도

암자를 향한 걸음을 옮겨 딛을 때 마다

흙을 밀어 올리던 서리꽃들이
겨울 낙엽처럼 스러지고 그 소리에
개울 속 푸른 물고기가 날아 올라
내 긴 그림자의 꼬리를 잡는다
우지끈
고목이 쓰러지듯 해가 기우는데
산사의 종소리에 죽비가 내리친다

구르 듯 산을 내려오는 어깨위로
겨울 빗 낱이 떨어진다
세월이 걷어 갔을까
이엉없는 호젓한 초가에 섰다
빛을 거른 창호지 문틈으로
토방의 메주 띄우는 냄새가 퍼렇게 새어 나온다
푸른 연기를 토해내는 메주
이 겨울 지나면 둥근 항아리에서
버릴 것 없는 모습으로 스스로를 태우리라
빗줄기가 제법이다
바람이 볏집을 슬쩍 밀고 간다
굼벵이 한 마리 미끄러지듯 흘러 내려
제 몸 크기만한 구멍에 떨어진다
지푸라기에 간신히 달려있던 물방울이

다시 그 자리에 떨어진다

초가의 낙수는 댓돌을 뚫고 있는데
내 머리에서는
비틀거리는 하루가 흘러 내린다

홀로와 함께의 mixing

물과 기름과도 같은 절대적 존재인가
홀로 그러나 함께도 되지않는
떠다니는 각자의 수면위로
세상살이라는 물결은 요동치는데
분리 또는 분해되지 않은 삶의 공간

고독을 즐기라
중생과 함께하라
현란한 네온사인은 드라마를 찍고
바랑에 올라앉은 사연들이 버거워
분별을 업고 다시 산에 드나
여기가 거기인 듯 거기가 여기인 듯
한 철 두 철 또 이 곳 저 곳의 방랑

그렇게 시절 보내며 자문자답 하고나니
홀연 또렷하게 밝아지더이다
감성버튼은 적절하게 사용해야하는
냉철함도 지녀야되니

홀로가 익숙하나 함께도 가능한
그러나 공동체의 속함 속에서도
결코 섞여지지 않는 무언가의 확신
고립되지 않는 mixing
mixing 되지 않는 절대고독
결국 완성은
홀로를 잘 다스리는 통찰의 고독인것을

선택,
그리고 입 속에 매화가 피었다

chapter 7

천체 운행

나를 떠나지 않은
끊임없는
파동의 메세지

어느 禪 문답

문-Jh
야밤에,
이 깊은 야밤에 반은 잠들고 반은 깨어서
어둠 저 편에 있는 나의 미래를 살며시 흔들어 본다.
그러자 그 미래가 어둠 속에서 나직이 내게 말을 건네 온다.
미래를 알고 싶거들랑 미래를 위해 말하지 말 것.
미래를 알고 싶거들랑 미래를 위해 울지 말 것.
공허하리라. 어둠의 새 구천 구백 마리 음산하게 게워내는 울음소리.
이제 그만 문을 닫고 망각의 잠을 자거라. 동이 트려면
아직도 그대의 지구는 수 만 킬로는 더 날아가야 할 것이니 [01:39:57]

답-하늘별꽃
니힐리스트의 독백처럼

세상속에 살면서 세상과 등을 돌리고 살아야만 하는 삶
그것은 처절한 고독과의 사투였다고
세상속에 살면서 세상과 끊임없이 벽을 세우려고 하는 삶
그것은 스스로의 눈을 유린하는 자학이었다고
아니 어쩌면 그것은
세상속에 살면서 세상과의 다리를 건너온 것만큼 잘라야 하는
마지막 사다리를 잡고있는 새의 절규였으니
어쩌면 어쩌면 한 세상 태어나지 않은 셈치고
어쩌면 어쩌면 한 세월 깊은 꿈에 든 셈치고
다시 망각의 잠 속으로 빠져 들리라 동이 틀려면
아직 지구는 수 만 킬로는 더 날아가야 하니까 [02:19:34]

어머니의 이정표

그 여자는 어둠이 두려웠다
어둠이 더 깊은 곳으로 내려 갈수록
다시는 문을 열 수 없으리라 생각했다
문 밖에서 봄을 부른다 하여도
그 따스함은 너무 멀어
가까이 다가설 수 없기에
한 때는
정수리에 맴도는 빛을 놓치지 않으려
빛을 좇아 헤매었다
그러나
한 방울 물의 굴레에 비춰진 빛 속에는
길이 없었다
그 여자는

제 몸 갈피의 비늘을 떼어
어둠을 밝히고 있었다
이제
해 지는 강가에서
어둠의 문을 밀며 물레를 잣고 있다
물레에 감겨지는
젊은 날 익혀두지 못했던 길

길은 여자를 기다리고 있었다

그대 시월의 소설이여

가끔 사람들은 꿈을 꾸곤하지
어느 유행가의 가사처럼 시간이 몇번 뒤척이고나서도
소중하게 재생되는 추억 한페이지쯤 갖고픈 맘이리라
파도 한 자락 내 옆에 뉘이고 일찍 잠자리에 들려 했는데
그대 모습이 그대 향이 쉬이 사라지지 않아
밤 늦은 시간에 호수를 걷기로 했어 그 곳에 가면
차갑게 살갗에 와 닿는 바람의 촉감이며 수런거리는 풀잎들의 소리
그리고 덤으로 볼 수 있다면
하늘에 흐르는 구름이며
그 구름의 그림자를 비추이는 달이
호수의 잔물결에 투영되어
일렁이는 모습이라도 보는 날이면
이렇게라도 살아있음에 감사함을 깨닫고 돌아오곤 했어

그건 내가 유별나게 호수를 사랑하는 이유인

비오는 날이거나

노을이 산을 넘을 이른 저녁시간이거나

달빛이 흐드러지게 물위로 흐르는 밤길을 즐기거나

그러면서 철 늦은 나를 어느 정도 정리하곤 했지

처럼

수 세기의 세월을 돌아 다시 그 자리에 서서

점점 그대의 색에 향에 익숙해지는 자신을 발견하게 되었어

그건 무얼까

성숙한 인생의 한 가운데서 꽃향 짙은 그리움을 느낀탓인가

아님

비로소 참 사랑을 느끼게 되어서일까

그대 시월의 소설이여

달빛 푸른 영혼

바람이 얼었다
아직
남아있던 감잎 두어 장이 수런거리며 골목을 지나가고
어둠은 스멀스멀 날개가 돋기 시작하는지
훼를 치며 퍼드득 거린다
그리 먼 길을 온 것도 아닌데
거리에는 빛을 삼킨 현기증이 술렁인다
오래묵은 일기를 펼치듯 방문을 연다
울리지 않는 첼로의 현을 넘어 싸한 공기가 허파로 내달린다
뒷굽에 찍혀 헐렁대던 시간들이 벗어놓은 신발 사이로 빠져나간다
누가 가져다 놓았을까 해를 닮아있는 홍시
언 항아리에서 꺼낸 홍시가 그의 입술처럼 붉고 달다
어느새 유리창에 눈이 젖어 흐른다

촉수가 낮은 전등을 켜고
내가 나를 눕혔던 기억의 단면들을 떠올리며
다시 나를 투시한다
머뭇거리는 등줄기 사이로 땀방울은 흐르고
호흡은 백태낀 내장을 훑으며 더 깊숙한 곳으로 밀착된다
잠시 붉은 포도밭 묘지에 멈추어 선다 낙엽타는 냄새가 난다
이 겨울이 살아있는 거라고

아아
달이 푸른 영혼으로 살아있던 그 곳에 숨어있는 별빛이여
끝내
타버리고 말 지상의 하늘이어라

가설 속 타협의 가을바다

요즘은 자주 생각에 차인다
가을의 스산함이 목에 두른 머플러 사이로
가설 그리고 타협 이라는 단어를 숨겨 둔 탓이다

당시엔
문밖을 나서면서 이미 설정해 놓은 무게
그것에 충실하기로 했다
보다 견고한 증명을 위한 행동이었겠지
이를 도출해 가는 과정에서 당연히 변수는 존재했으리라
그 변수를 호재시킬 양념은 긍정적 타협이겠다는
어쩌면
이는 완성이라는 더 큰 미래로의 가치가 된다고
물론 완벽하진 않겠지만

가고자 하는 방향이 제시된 길의 형태를 보여 준
그것만으로도 족한 것 아닌가
살아가다가 혹은 살아내다가
뜻했던 일이 계획대로 안된다는 건
더 큰 의미의 다른 일이 기다리고 있기 때문이었다

가을이 늦어지는 시월의 아침
무슨 할 말이라도 있었던 걸까
다시 너에게로 갔다
파도는 자꾸 흰 말을 토해내는데 나는 홀로를 선택했다
시간이 깊다 그리고 섧다
내려다 본 바다는 저리도 여유로운데
보드란 억새꽃 나풀거리는 저녁노을이
오늘따라 더욱 붉다

진핵세포의 융합

천체운행의 시간표
손바닥 위에 암마라과가 얹어있다
zoom in/zoom out으로 자기장의 스핀을 찾는다

공후소리를 들으려면
여러 가지 인연과 방편에 의해서만 가능하다 했던가
악기와 조율과 연주자와의 화합으로
아름다운 소리를 얻을 수 있노라고
그러면 나의 본성품도 그러하여 그 본성품은
오직 여러 가지 인연에 의해서만 볼 수 있으리
존재의 붓끝에서 떨어지는 언어는
그려져 있는 것들을 하나씩 지워가고
동굴의 천장에 맺힌 습기는

지나간 시간들을 찾아 찬찬히 걸어가며
물방울 되어 또르륵 책장 위로 구른다
물 위로 물방울 하나 미끄러졌다

지상과 하늘이라는 기억의 강은 늘 그렇게
마음에서 피어나곤 하였다 왜일까 낯선 듯하나 낯설지 않은
이 기억들은 무언가
퍼즐을 맞추듯 똑똑 끊겨있던 기억들을 추스렸다
진주를 찾아 꿰었다
한 개의 이야기로 연결된 목걸이가 완성되었다
그리고 낱낱의 진주들이 녹아내려 푸른 물방울을 이룬다
생의 그림들
거울 뒤에 서서 거울 앞의 자신을 보는 그 아픔을
이젠 알 것 같다

내가 나를 찾은 막차의 첫 손님이 되었다
기다림은 더 이상 내 몫이 아니다

심장의 상호작용

참으로 좋은 느낌
그건
노을지는 강가에서
그를 바라보며 설레임을 느끼는 거

참으로 좋은 느낌
그건
그가 내 옆에 있음에 마음이 평화로워 진다는 거

참으로 좋은 느낌
그건
평화로워진 내 마음에 그를 담을 수 있다는 거

참으로 좋은 느낌
그건
내 마음에 담은 그를 영원히 사랑하고 싶다는 거

참으로 좋은 느낌
그건
영원히 사랑하고픈 그와 함께 눈을 감고 싶다는 거

참으로
오랜 시간동안
대지의 호흡을 읽었다
초석은 정으로 다듬은 자연석이다
그를 만났고 그를 알았으니 이제 그를 사랑 할 계절이다

책, 덮다

만법귀일萬法歸一이라
좋은 건 무엇이며 싫은 건 또 무엇이며
기쁜 건 무엇이며 외로운 건 또 무엇이오
그러하니
세상이 궁금할 것도 없잖은가
바람 부니 잎 흔들리고
한 시절 훌쩍 지나니 잎 떨어지고
구름 끼니 비 내리고
기온 떨어지면 물 얼고 그러다 눈 내리니
단지 그 뿐이었던 것을 무엇이 더 궁금하리오
바람이 볼을 스치면 그것이 나의 숨소리요
빗방울 옷깃에 스미면 그것이 나의 눈물이요
발밑에 밟히는 흙 한 줌 그것이 나의 살결이요

그대 마음에 등불 켜지면 그것이 나의 흔적이었으니
다만 그것으로 족한 것 아니겠소
하여 아직 해야 할
무엇이 남아있는 것 아니라면
최후의 인연이라는 것은
묶는 것이 아니라 지워가는 것이었소
모든 법은 결국 근본으로 돌아간다는 것을
처마 끝 풍경소리가 해질녘 문풍지에 내려앉듯
늦은 계절이나마 알게 되었으니 지금은
가장 행복한 공부 중이라오
장서가 즐비한 바다 속 도서관 창 너머로
곧 저녁별이 떠오르려 하오
마지막 책의 마지막 장을 읽었으니
그만 책을 덮고 돌아갈 때가 된 것이오

만법귀일萬法歸一의 본향으로

off

잠시동안은
나를 꺼버리고 싶다
당분간 잠적을 봉숭아 꽃등에 달아놓아
내려놓음이라 포장하며
그리 쉬고프다

여름 끝자락 매미는 서럽다 우는건가
서성이는 생각을 멈추라는 듯
호두나무 그늘이 너무 요란하다

구름은 저 혼자 떠돌며
모양을 그리다 지우기 자유로운데
나는 마음을 묶어 놓는다 강요한것도 아니건만

보다 그리고 감다
켜다 그리고 끄다
걷다 그리고 멈추다
선택이다 내 몫의

장하다 잘했다 최선을 다 했다
설령 그 다함의 모양이 색이 향이
서툴거나 어눌하거나 혹은 다를지라도
이제 내가 나에게 내리는 상
휴식이다

끈다
소리를 맛을 느낌을

다만, 그 뿐

돌아본다는 것
무얼까
무얼본다는건가

그땐 그게 최선이었고
지금은

선택한 길
선택한 말
선택한 행동
선택한 모습
선택한 상황
이대로 그저 감사하다

한지에서 은은히 퍼지는 햇살
뜨락에는 여유로운 양이들
처마끝 풍경으로 잠을 깨우는 바람
마당에서 별 헤는 밤

살아가며 혹은 살아내며
넘쳤거나 혹은 모자랐거나 했던
그런 오음 육식의 경계를 들여다 보며
한 풀이 하러 온 세상 아닌가
얼었던 마음 여렸던 생각과 미련 그리고 아쉬움
다 녹아 내리면 새로운 장을 만들어 갈 수 있다고

고요가 숨쉬는 정원에서의 자아를 찾아서
다만, 그 뿐

산중세담山中洗談
　−바람에 안부를 전하기에−

도회지를 떠나는 날
정든 발목이라도 잡을 양
눈은 앞이 보이지 않았지만
굽이굽이 첩첩 산길을 돌고 돌아
드디어 오지에 입성했다
얼마 전 초면식은 이미 치렀으니
주변 탐색은 생략키로 하고
봇짐 몇 개를 방에 던져놓고
오래 묵은 체증을 내리듯
허물어진 벽 사이로 켜켜이 들어앉은
냉기를 쫓아 내려면
아궁이에 군불부터 지펴서
추위에 꽁꽁 얼어있는 집부터 녹여야 했다

바람 피하고 눈보라 피하면 그만인게지
몇 번 매운 연기에
눈물 콧물 흘렸더니 불이 타오른다 활-활
한참을 그렇게 피어오르다
제 몫을 다하고 한 줌 재로 남는다

오호라
타올랐던 나의 화두도 그렇게 마감하리

산중세담山中洗談
　－백일기도의 백야성－

희끄므레하게 내딛던 하늘이
참았던 눈을 뽀얗게 쏟아냈다
간밤에 들양이는 저 혼자 지내던 곳인데
낯선 이방인에게 집을 뺏겼다며
산골짜기를 흔들듯 목 놓아 우니
눈보라에 부딪치는 풍경소리와 나도
뜬 눈으로 지새우고
서늘한 구들장 아래로 드나드는 찬 공기가
시린 뼛속을 헤집기에
옛적엔 부엌이고 외양간이었을 곳
새벽녘 어느 촌부의 소여물 끓이던
가마솥 아궁이에 불을 지피려 들어서자
바늘 끝처럼 허기진 바람이 도리어 반색이다

아! 너무 춥다

이대로 선 채 조금만 지나면 바위가 되겠구나

낡은 초가에 문도 없고 한 쪽 벽은 또 어디로

그때는 못 보았는데 지금 보이는 건 왜일까

내가 감내해야 할 인고의 시간이라며

백년토록 검은 연기에 그을린 천장이 조롱한다

나도 따라 그저 헛웃음 울 수밖에

김이 모락모락 피어오르는

새벽 여물죽 먹던 소와 함께

촌부의 시간도 사라졌으니

나 또한 곧 시간여행을 마칠 순간이 오리라

물을 뿌려 정갈하게 비질한 부엌이니

무너진 벽 사이로 밤이면

찬바람과 달빛도 들어와 쉬어가리

군불도 때고 예불도 마치고 공양도 했으니

휘영청 마실이나 가볼꺼나

산중세담山中洗談
-안부를 접는 답신-

가고 오는 것은 오직 인연법에 의해서라
옳고 그름만으로 어찌 버티랴
내가 있었기에 네가 있었고
네가 있어 내가 있는 탓이라
바람 불면 바람 부는데로 흐르다보면
오래지 않아 그 또한
곧 지나 가리라 흔적 없이

그물에 걸리지 않는 바람처럼
무소의 뿔처럼 홀로 갈 일이다 했던가
인이 있었으니 연이 있음을 알았기에
이제는 인을 지우고 연을 뽑을 계절이라
서두르지 않으면 다시
그 씨앗이 싹을 틔워 잡초가 무성 하리니

오래도록 익숙한 장난감을
꼬옥 움켜쥐었던 손
처음엔 너에 의해서 소지를
그리고 약지 중지 검지를
예리한 칼끝으로 심장을
하나 둘 도려내듯 펴야만 했다
그러나 마지막엔
오로지 나 스스로의 선택으로
굽어진 엄지를 천천히 펴보았다
손안의 애착이 사라진 곳에는
빛 밝은 연꽃이 기다리고 있었다
놓음 속에서만 피어나는 꽃이라

더는 아파하지도 말며
더는 그리워하지도 말며
더는 마음 움직이지도 말라
애착하는 모든 건 고통의 연속일 뿐
태초의 시작을 보라
그리하면 현생의 인연들을 알게 될지니
현생을 보라 그리하면
태초의 시작이 걸어와 네게 말하리니

너는 나와 같고 나는 너와 같노라

삼신일불 혹은 삼위일체

가장 안전한 삼각구도
의식은 공진생명의 훈련을 위해
네트를 치고 각 모서리 사방에 검열관을 배치한다
연금술 성에 사는 의식이 지구라는 공에
공진생명의 스펙트럼화 될 곳을 찾는다
아직은 천체를 운행할 운전이 어리석은 탓이다
아직은 천체를 이해하기에는 지식과 지혜가
서툰 탓이다 아직은 천체의 한 부분이 되기에는
버려야 할 습기들이 남아있는 탓이다
생명의 혼돈에 동기부여를 투과 시킨다
대한민국 등허리 산맥을 낀 곳이면
헛헛했던 인연들을 한 번에 정리할 장소로 적합하리
의식이 입에서 뱉어낸 탁구공에 공진생명을 태워

목적지에 정확히 스매싱 한다 블랙홀의 여운이란
목적이 환경과 일치했을 때 걷어지며 그때까지
탁구공은 허공에 남아 무대의 공진생명이 자신과
조건화되기만을 기다리게 된다 그러나 탁구교관은
생명을 따라 네트를 넘나들며 합일을 꿈꾸지만
공진생명이 좀체 자리를 내어주지 않는다면
마하의 겁 동안 꿈꾸었던 이번 계획도 무산이다
생명에 지식의 절반과 지혜의 절반이 채워져
중첩이라는 화학반응의 공식이 성립되려면
너는 나와 같고 나는 너와 같아야만 한다
즉 네 안에 있는 나를 끌어내야만 한다
그것이 어떤 모습이던 그는 곧 너이기 때문이다
그것이 어떤 모습이던 그는 곧 나이기 때문이다

줍거나 혹은 버리거나 잃거나 혹은 얻거나
잊거나 혹은 찾거나 죽거나 혹은 살거나
미완성되거나 혹은 완성되거나
불완전 연소하거나 혹은 완전 연소하거나
를 생각하며 탁구교관은 바다 한가운데
홀연한 보리수에서 잠에 젖는다
과연 저 공진생명은 학사과정의 유급일까
박사과정의 유급일까 부분 교육과정 유급인가

생명은 혼자서는 튀어오를 수 없다
우주선로 그리고 우주생리를 모르기 때문이다
진동의 결과물로 인한 무대에서 휘둘려졌던 건
오직 라켓의 작용에 의한 프리즘일 뿐이었다
결과는 간단하다 네트의 그물 사이로
피타고라스의 미소와 함께 힘껏
말나식을 쳐내고 아뢰야식을 앉히면 된다
절박한 기회는 한번 뿐이다 작은 모래 한 알의
오차 혹은 오독도 없이 라켓을 들어 스매싱
순간 암호 해독 주파수 일치
탁구공 안에서 작은 빛이 배아 되기 시작한다
의심을 버리고 절대적 믿음으로 빛을 배양한다
암마라식이 깨어나자 자아가 일어선다
빛은 우주라는 거대한 문으로 안내했고
사방의 검열관이 시험지를 내밀었을 때
이 상황이 어딘가 낯설지 않음을 직감한다
진정한 진리의식과 간섭의식 사이의 괴리를
번뇌하느라 우주선을 놓쳤던 기억
기본상수 인력의 정확성을 인지한 하얀 시험지가
스크린을 통과하자 승차권이 스캔된다
얽힘의 재구성에 성공하여 고향까지 무사히 귀환시킬
動畫 혹은 **同化** 혹은 **童話**의 양자역학이라는 우주선

양 날개를 모두 떼어내니 비로소 중도의 우주선로가
모습을 드러냈다 마하의 시간이 겹치며
생명이 스스로의 발자욱을 그렸다가 지우고
다시 또 그리다가 지우는 동안 주변에서 결코
떠나지 않고 끊임없이 파동의 메시지를 보내며
간섭무늬를 상쇄시킨
자기공명 탁구공의 진핵에너지와 합일이 되었으니
이제 연금술성에서 기다리고 있는 최초의 의식과
최후의 합일이면 완전하고 오롯한 빛의 융합이 되리
삼신일체 혹은 체와 용으로서의 조건 그리고 충족

양자역학의 핵으로 합일의 자기장을 통과한다
금강경의 일합이상을 삼켰다

선택,
그리고 입 속에 매화가 피었다

chapter 8

7寶례 삼단원칙

가고 옴
그리고 오고 감이 없으니
머무름도 허망이라

시조새 날다

밀림 속에서 느낌으로
모든 것을 분별할 수 있는
궁륭의 시간은 화사했다
비릿한 햇살 한 줌으로도
밑그림의 도안에 채색하는 것은
충분하다 믿었으므로

긴 터널
몸이 몸을 벗어나고
생각이 생각을 벗어나고
현상이 현상을 벗어나고
세계가 세계를 벗어날 때
쉽게 이해되지 않는 화석을

오래된 연못에 내던지고 메우려 하였으나
먼 옛날 접어 두었던 날개의 죽지에
삐죽이 돋아나는 어룡의 눈빛이 간절했다

전생을 지우려 하는가
기억을 떠올리라 네가 누구인지
그리고 찾으라 너의 너를
수많은 거울 속에 네 모습이 비쳐도
진실은 단 하나
네 속의 너를 꺼내야만 비로소
비상의 날개를 활짝 펴
하늘을 힘차게 날아오를 수 있기 때문이리
연못을 읽으라 그리하면
거울 뒤의 네 진실도 보일 것이다

화석에서 어룡의 눈빛을 길어 올리니
틈새에 잠들어 있던 골격들이 기지개를 펴고
용트림 하며 하늘 가득 날개를 펼친 시조새의
죽지 어디쯤에선가 떨어진 깃털이 말한다
물결이 잔잔하면 그림자가 비칠 것이며
대지의 숨소리도 들릴 것이리

유일무이한 선택

이미
예견된 시작이었다
강가에 나룻배가 홀로
오랜 시간을 기다리고 있었던 것은
승선의 조건이란
깃털만큼의 무게도 없어야 된다는 것이다
생각의 무게 또한

다 내려놓으면 그때 오라
생살을 찢고 뼈에 박힌 탄피를 꺼내듯
모습을 단장하던 그 마음 내려놓고
소리에 세포를 떨던 그 마음 내려놓고
꽃향내 만취하던 그 마음 내려놓고

남의 육신을 내 맛으로 탐하던 그 마음 내려놓고
음욕을 따라 헤매던 그 마음도
뜨거운 태양이 내리쬐는 바위 위에 널어놓고
다시는 고개 들지 못하도록
형체도 없이 말려버리라
그리하면 비로소 생각이라는 것도
아침안개 걷히듯 홀연해 질것이니
다 내려놓으면 그때
돌장승이 아기 낳는 화두를 깨면서
스스로 오지 않는 듯 오게 될 것이라
서두르라 마지막 잎새 떨어지기 전

화가는 문자를 조각하고 있었고
몽상가는 언어를 그리기 시작했다
화가의 문자가 평화로워 보일 때쯤
몽상가의 언어는 일어나 길을 걷는다
도시의 화려한 불빛을 지나고
잠에서 깬 영혼들이 수런거리는
숲의 터널을 빠져나오며
별 하나 주워들고 강기슭에 이른다
묶어놓은 배의 매듭만 풀면
이제는 강을 건널 수 있으리라

손에 든 별과 마지막 매듭을 풀어야하는 나
그리고 길을 밝혀줄 하늘의 빛

내게 진실을 말하라 하려는가
진실을 말한다면 알아보겠는가
문자 대신 언어를 지식 대신 지혜를 얻는
화가와 몽상가의 백지와도 같은 것을
강을 건너면 잡다한 용어도 버릴 일
여한을 모두 삭히고 의식의 기록마저 지워야
허공보다 더 가벼워져 하늘이 된다하네

유체이탈의 빗방울 전주곡

기도 한 줌 들고 돌무덤으로 갔다
여름이 정수리를 약간 비껴 간 날이었다
문을 밀치는 손잡이가 몹시 무거웠다
복도에서 기다렸다는 듯 쌉싸름한 공기가
몸에 묻은 먼지를 털어낸다
이틀 낮과 이틀 밤이 역사에서 사라지듯
꿇어있는 두 무릎 사이로 경전이 멈추고
차가운 대리석 바닥에 열십자로 엎드려 쏟아내는
눈물의 그림에서는 설익은 기도가 새어 나간다
천장에서 또는 바닥에서 방황하는 무언을 손에 들고
타원으로 빙 둘러진 성당의 돌계단을 내려 서면서
낮게 연기를 피워내는 잎들의 무수한 말을 듣는다
형체 없는 말들이 무성하게 숲을 이루더니

후두둑
잠시 비어있던 하늘에서 폭우로 쏟아진다
차의 본네트에서 사정없이 부딪히며 터져 오르는
물방울들이 벼랑과 벼랑을 지향하며
거짓의 수많은 모퉁이를 돌아 이제 진실의 협곡에 닿았다
암벽은 갈퀴를 세우고 들판을 달리는 야생마의 형상이다

- 벼랑과 벼랑사이에 로프를 띄워 건널 것인가
벼랑을 타고 내려와 다시 벼랑을 기어 오를 것인가 -

익사의 두려움 보다도 두려운 건 부질없음이다
상처 방황 삶의 피흘림 그 불모지에서의 허무
갈라진 바위와 바위 사이에 손을 얹고
돌과 돌 틈새에 감춰진 말을 꺼낸다 말은
어둡고 음침한 동굴 속에서 습기 뚝뚝 떨어지는
천장의 모서리에 필사적으로 매달린 박쥐다
그 박쥐가 협곡의 언덕까지 기어 올랐을 때는
가끔씩 벽과 벽을 날면서 살았던 법을 잊었을지도 모른다
암벽을 타며 삶의 벼랑을 내려다 보면
벼랑의 허리에 펼쳐진 안개구름이
아주 편안하게 느껴질 때가 있다 오늘처럼

유체이탈의 빗방울 전주곡이 협곡에 흐른다

깨어나라 빛의 여신이여

무지한 숲속에서의 예언이란
얼마나 보잘 것 없는 것인가
그녀는 하늘의 그림을 들었으며
그녀는 별들의 이야기를 보았으며
그녀는 땅의 수런거림을 느꼈으니
보이는 네게 보이지 않는 미래를 말하였다
오랜 시간이 지난 후
예언의 결과를 보고도 그것이
예언이었음을 인정하지 못하니
얽혀져 있는 인간사 앞에서의 예언은
참으로 힘이 없도다
보이지 않는 네가 보이는 너 앞에서
보이지 않는 미래를 이야기하니

보이는 너는 보이지 않는 미래라며
보이지 않는 네 자신을 거부하며
고장난 나침반의 바늘이 가리키는
보이는 방위만 믿고 따라 안개 속을 헤매듯
진정한 네 속에 있는 너의 여신을 밀어내고 또
밀어내기만 하면서 너의 미래를 말하라는구나
네 안에 있는 너의 여신을 받아 들여야
비로소 온전한 너의 미래를 너 스스로
보고 들을 수 있음이다 그러하니
보이지 않는 너의 여신을 깨워
보이지 않는 너의 미래를 보라
참 속에서 허구를 보고 허구 속에서 참을 보라
상처 혹은 피흘림이란 얼마나 무지했던가를
보이는 걸망이 무거우면 산을 오르기 버거우나
보이지 않는 너의 빛의 여신을 보았다면
설산일랑 쉬이 날아오르리라

빙산의 조각가

얼음꽃 피우려나
별은 오늘도
가파른 유리벽을 오르고 있다
멍울 헹궈내지 못한
해의 꼬리를 잡은 달은
먹물드는 하늘에 너를 놓아 기른다

시간은 산 정수리에 꽂히고
끝간데 없는 우주에서 되돌아온
네모진 공 하나
허공에 놓고 다듬는다

세월의 갈피에서 닳은 손질로

마음 문 열고
누더기로 기운 욕심 덜어 내지만
얼마나 더
쪼아야 둥글어 질까
거기
얼음기둥 안고 세월 다듬는 정 소리

그림자 없는
하늘 문 기다린다

업연의 멋진 발견

언제나 그랬듯
해마다 이맘때쯤
봄꽃이 하르르 피고 지는 시간들이면
열병을 앓아야만 했다 아주 어린 날
어쩌면 그것이 죽음의 기억이었으리라

몇 해 전
다시 다가온 죽음의 기억
한 컷 한 컷 펼쳐지는 파노라마 영상
그것을 모은다 그리고 편집하여 본다
삶의 그림
거울 뒤에 서서 거울 앞의 나를 보는
그 아픔을 이제 알 것 같다

다시 봄이다
그러나 마침표를 찍어야 할 시간
회광반조의

나의 알고리즘

1. 부정풀이 /살풀이

둥둥 두둥둥

물동이에 엎어놓은 박고지에서 북이 울린다

늦은 밤바람은 스산하게 깃을 친다

양손에 소지종이를 나눠 들고

팔삭동이 시린 달을 한 입 가득 베어 물었다

발아래 자욱히 바다 안개가 인다

일곱 마디를 묶어낸 혀 위에 불꽃이 머물다

이내 어둠 속으로 사라진다 하늘이 검다

파도 끝에 내려섰다

여울대던 치마자락에 몸이 젖어든다

몸 속으로 강줄기 하나 산을 이룬다

풀잎같은 몸을 더듬기 시작하는 물결에 잠시 나를 맡겨둔다

뱃길이 열린다
바다 한 가운데를 향하여 배가 서서히 움직이기 시작한다
시린 달이 터지며 용암이 흘러 내린다
뱃전에 앉아 너울거리던 부나비
젖혀진 얼굴 위로 비가 내린다
몸에서 섬 하나가 빠져 나갔다

2. 넋맞이
서둘러
백옥루에 상량문을 써내려가는데
여전히 밤은 칠흙이다
부엌 고구마 싸리울에서 습한 흙냄새가 울컥한다
후미진 골방에서 자지러드는 아버지의 기침소리
칡넝쿨처럼 문지방을 넘어 감겨든다
남아있던 촛불마저 자진모리로 펄럭인다
방바닥에 귀를 대면 굶주린 승냥이떼 날뛰는 무덤숲 사이로
서슬이 퍼런 발굽 소리 기어이 문 앞에 멈추어 선다
문고리를 잡고 죽을힘을 다해 매달린다
문살을 뚫고 시커면 그림자의 총구가 머리 위를 겨눈다
꿈의 밑둥이 잘리면서 궁륭의 벽이 허물어진다
물줄기는 악취를 풍기며 정충을 쏟아내고 있다
모든 통곡이 일어나 산비탈을 구를 무렵

살이 터져 붉은 핏방울이 엉겨붙은 사지에 새벽이슬이 젖어든다
내가 찢겨졌다 마른번개를 비수처럼 잡은 손에서
숨통 끊긴 정충들이 기어 나가고 있다
때 이른 까마귀 소리 풀 포기를 잡고 늘어지는데

3. 해원풀이
아스라이
그래 읽히는가 삼생의 그대 모습일세
생이란 그러하니 법회장에 들어 온 말을 타고 길을 떠나렴
혹여 길을 가다 물웅덩이가 나타날지라도 걱정하지 않아도 된다
그건 허상이므로 의심하지 말고 곧게 가면 되느니
그렇게 가노라면 삼생의 인연을 만나 상처를 주고받게 될지라도
다만 그것의 오고 감을 안다면 그대는 곧 일대사인연법을 터득함이라
선택은 그대 몫인데 무얼 원하는가
마음의 탑이란 절로 세워지던가
살을 빚어 사리가 되고 사리가 모여 이룬 것이 곧 탑이 아니던가
아픔을 느낌은 그 미래를 거부하는 것

4. 씻김굿
대야에 물이 채워졌다
초승달이 내려앉고 이내 별이 쏟아졌다
차마 눈이 부셔 안을 들여다 볼 수 없다

한 방울 눈물이 여울을 만들지만 돌아보면 여전히 얼룩진 모습이다
새벽 풀여치가 계곡에 울음을 쏟아낸다
폭포 위 그리고 긴 한숨 속에 나를 굴려낸다
아 어머니
눈을 떳다 정한수 맑은 물에서 어머니가 나오신다
그러나 돌아 갈 수가 없다
팔삭동이는 웅녀처럼 굴속에 있는데 나는 갈 곳이 없다
어머니가 계신 그 곳 내 그리운 고향하늘
총탄이 머리 위를 날아 다니는 벌판에서도
시커먼 그림자 밑에서도 눈을 감고 아리랑을 불렀다
아리랑이 이 목숨을 쇠심줄 같이 만들었다
지금도 나는 갈 수 없는 내 고향하늘을 바라보며
이 아리랑을 불러야 살아 갈 수 있다
내 어머니 무릎에서 듣고 불렀던 아리랑 그 노래를
구비구비 산길에 그리고 아우라지 강가에도
새벽 별이 쏟아진다

5. 길 닦음 놀이
성이 무너졌다
조선이라는 말에 어미의 사지가 찢겨졌다
우리 모두의 어미가 구중궁궐에서 불태워 졌고
내 어미가 죽고 그 어머니의 어미가 죽고

그리고 내가 죽어간다

발 아래 자욱히 안개가 인다

떠 오를듯 가라 앉을듯 작은 섬이 안개에 묻혀있다

팔삭동이 아이는 안개 사이로 난 뱃길을 따라 노를 젓는다

내가 서 있는 바다에는 안개가 지워질줄 모르는데 지금 난

해돋이를 기다린다 뱃길을 떠난 아이 그리고

그 아이의 아들이 연어처럼 어미품을 파고 들기를

오늘도 물결이 여울치며 젖줄기를 길게 드리우는 강자락에서

발을 돋우며 일출을 기다리는데 어이 늦을소냐

낯설고 물설은 타향살이 싫다던 아이야 아이야

휘돌아 온 세월 서럽다 말고 훠이훠이 날아 어서오련

사랑도 미움도 탐욕도 다 부질없으니 훨훨 벗어 버리고

물처럼 바람처럼 그리 살다가 청산의 빛으로 어서 돌아 가세나

6.사자 풀이

다 잊으시고 다 풀어 내시라

내것인 줄 알았던 시간도 위협적인 저 세월도

그저 검은 물거품 이었으니 버리고 또 비워서

바람 자락의 헛웃음으로 허공에 흩어 보내시라

가고 옴 그리고 오고 감이 없으니 머무름도 허망이오

나고 죽음의 흔적도 손가락 사이로 빠지는 모래알 같은 것

그대 이제 강을 건너고 바다를 건넜으니

타고 온 뗏목의 흔적도 버려야 하거늘
하여 한이라는 것도 본래 없던 것 아니겠는가
가세 가세
슬픔 없고 아픔 없고 고통 없는 어머니 품 속 같은 곳
우리 본향으로 훨훨 어서 어서 떠나가세

메타언어의 기억

달이 유난히 높이 떠 있는 밤이었다
낮이면 규장각의 먹향을 용잠에 담아두니
그날도 고단한 몸을 뉘이며 일찍 잠을 청하려는데 이명이었을까
기인 마루복도의 방문들을 열어 제치는 사내들의 거친 발자국소리
누군가를 찾아내려 다그치는 목소리 이어지는 여인들의 비명소리
그 비명소리가 사정없이 심장을 내리 긋는다
아픈 통증도 없다 쫓기듯 위로 올라 자신을 내려다보았다
하얀 속저고리는 달빛을 받아 더 희고 곱다
그 하얀 속저고리에 퍼지는 붉은 선혈
가슴에서 피어나는 홍매화
마치 하얀 연꽃 위에 올려놓은 홍매화처럼 아름답다
누가 데려다 놓았을까
그녀를 가만가만 내려다보고 있는 아이를 꼬옥 끌어안았다

아이를 두고 떠날 수 없다는 마음에 와르르 슬픔이 쏟아진다
오직 푸른 물과 숲으로 드리워진 고요한 아침의 나라
광한전을 사랑하고 백옥루를 사랑할 뿐이었는데
바다 한 가운데서 일던 바람이 가만가만 산등성이로 올라와
기어이 가슴을 터트리고 간다
터지면 지혈이 안 되는 불치병으로 자생능력이 부족한
심장의 조직을 본다 잘 짜여 진 프로그램은 아닌 듯
설익은 저녁식탁에 초대를 했다 그리고 붉은 별 하나를 삼켰다
소화가 힘들다 위벽은 움직임이 겨워 울음을 토한다
너무 아프다 아파서 숨을 쉴 수가 없다 별이 가슴에 깊이 박혔다
바람 한 점이 휙 허무를 이끌고 간다
이 그리움이 옛 일 되는 날 소리 없이 다시 오게 되리라

누군가 마치 거울을 들여다보는 듯 찬찬히 물 아래를 살피고 있다
기억의 강에서 헤어나 눈을 떴다 눈 푸른 낯선 의사들이 수런거린다
응급실이다 불시착 된 비행의 잔해들 중 남은 조각이 퍼즐을 마친다
아! 내 안에 상생하는 흔적 이었구나
만약 크게 죽어 크게 태어난다 하여도 다시 그 길을 선택 할까
뜨겁고 짧았던 생명의 슬픔뿐인 그 길을

어머니는 반짓고리에서 헝겊인형을 만들어 이웃집 마실을 가자며
초저녁 어스름 밤길을 유난히도 재촉한다

어린 계집아이는 따뜻하게 잡은 어미 손이 마냥 좋아 따라 나선다
작은 계집아이의 심장을 예리한 면도날로 긋는듯한 통증과
바람결 여린 가랑잎 구르는 소리에도 놀라는 병은
그 날 이후 헝겊인형과 함께 사라졌다
삼생을 구르고 또 구르는 동안 현상을 이루고 있는 수식어들
이제는 모두 태워 본성의 하나를 볼 시절이다

햇살 부드러운 가을 날
기본상수가 일치 되었다
言+寺=詩 혹은 言+音+戈=識 하여 1+2=7이라는

일기의 역사를 다비하다

눈이 내려요 나와 보서요

누군가 부른다
잠이 덜 깬 설핏한 몸으로 문을 여니
뜨락에 벗어놓은 신발 위에도 눈이 앉았다
온통 하얗다
밤새 산맥의 경계는 선화를 그렸다
신발의 눈을 털어내고 마당 한 켠에서
수 생을 함께 숨 쉬며 달려 온 책을 태운다
일기록의 다비다
깨알같은 글들이 타오를 때마다
역사도 하나 둘 사라진다 부질 없었다
그러나 그 순간 순간들은 목숨을 다 했겠지

이것만이 최선책이라고
시시각각으로 덮쳐오던 파도의 검은 물거품
바다의 물결에 시달리며
살 속에서 진주를 만드는 조개
얼마나 아팠을까
이 다비가 끝나면
역사를 태운 재 속에서도
진주같은 사리를 찾을 수 있을까

시절 시절들을 몹시 앓던 아이는
눈 내리는 날 다비를 마쳤다
허상이었다 모든 것은 그저 인연 되어갈 뿐
다만 그 허상 속에서도 순간순간 반짝이는
삼위일체 혹은 삼신일불 부디 놓치지 않기를

빛으로 걷다, 하늘 길

휘영청 달빛 밝은 밤
물은 고요하다 이름 없는 풀벌레 소리 저문 물속에 잠긴다
호수는 등꽃들의 몸을 닦으며 길을 내고 있고
나루터에는 어스름 땅거미가 물레를 돌리고 있다
사공이 노를 젓자 물속에 어둠으로 있던 시간들이 일어서며
배는 서서히 물 위로 미끄러진다 물 그리고 숨소리
장삼의 고름사이로 대금 한 자락 휘감아 돈다 목에 시가 걸렸다
하늘을 본다 입 속에 살던 새의 날개가 푸드덕 거린다
가만가만 발끝으로 어둠을 끌어 덮으려던 구름사이로
빛이 내리기 시작한다 푸른 별들이 돋는다
별에게서 가지런히 뿌리를 내리는 향내가 퍼진다
별의 언어들이 향로 속에 떨어지고 향로 속의 기도는 달이 된다
기도의 몸을 빠져 나가는 궁륭의 허물

그 궁륭의 허물 속에 있던 지상의 달을 힘껏 밀어 올린다
붕새를 닮아가던 달 속의 아기새는 높이 떠올라
깃을 털며 달빛 길을 날아오른다 훨 훨 훨
붕새의 등 위에는 금강보석의 빛이 끝없이 나오고 있다.
빛의 샘이다
물방울 하나 허공에서 톡 터졌다
꿈이었다 모든 건 끝났다
어쩌면 모든 것이 다시 시작되려는 준비였는지도 모를

비워내며 그러나 채워가며

미식(e)함식=니르바나

하나
또 하나 잊는다
하나
또 하나 버린다
혹은 하나 또 하나 지운다
잊고 버리고 지우다 보니
내장된 기억의 시간도 멈춘다
하늘에서 내려준 빛 밝은 길
의식은 가볍게 가벼이 걷는다
아무 일 없이 잠시 마실 나왔다 가듯
빛 밝은 길
부르면 대답하는 너는 나였고 나는 너였다
바람이든 구름이든 태양이든

혹은 밤하늘에 빛나는 별이든 둥근 달이든
감미로운 고통이 섞인 눈물의 협곡에서 찾아 낸
빛 밝은 하늘 길을 걸으며 오르고 올리는 우린 하나였다
현상의 내 속에 든 자아 그리고 우리를 기다리는 인내의 본성
지극한 믿음이 이끌어 낸 길의 끝에 든 순수의 옛 집
욕망의 눈으로는 느낄 수 없는 아름다움
나타났다 사라지고 사라졌다 나타나는
마음이 그려내는 순수의 하늘세상 우주 공간
얼마나 많은 시험의 단계를 거쳐서야 닿을 수 있던
너무 아픈 고통이라 할복의 유혹도 넘어야 했던
빛 밝은 하늘 강을 건너면 곧 잊혀질
단지 눈물 한 방울 뿐이었던 것을
그 눈물이 지금의 금강별을 이루지 않았는가

순수의 옛 고향 옛 집 그 곳으로 나 돌아가려네
그대 그대 마음의 고향은 어디쯤이신지

쉼

이미 오래전에 답은 나와 있었다
자신 내면의 힘은 금강이므로
이 세상 그 어느 것보다도 강하다
책장 안의 이론과 책장 밖의 진리

詩라는 이름으로 풀어내는 언어의 숨소리
말이 필요한가 언어가 필요한가 문자가 필요한가
말을 피해서 언어를 피해서 문자를 피해서
누구든 각자의 길을 선택한다 책 속에 구겨넣지 말 일이다
강을 건널 배와 노와 사공으로 방편의 문자가 필요했다면
배삯의 고마움으로 어서 강을 건너 그 사용물을 버림이다

시절은 기다려주지 않는다 그저 내가 만들어 갈 뿐

또 한 생을 다녀가며 남기는 흔적을 화엄의 미션이라 이름했다
그러나 그 이름조차도 언어의 문자라는 도구를 활용하여
다만 본 뜻의 이해를 돕기 위함이 아니던가

윤회하며 공부한 그 흔적들을 찾아
파란의 다겁 생을 마무리하는 심정으로
난설헌 허초희의 한시를 채련화 했고
금강반야바라밀경을 번역하여 해독을
육조돈황본단경을 번역하여 해독을 그리고 이제
본인 다겁생의 느낌을 화엄화로 자문자답하듯 엮어 보았다
학문이거나 종교이거나 혹은 사랑이거나 인간관계이거나
각자 무엇을 선택하든 돌고 돌고 또 돌아 본다지만 양변의 대치는
결국 生은 곧 苦라는 등식의 성립에 전율 이는 맛을 보았기에
인연되는 이들에게 전하고자 졸필의 흔적을 남기는 바 이다

그대
이제는 멀티버스의 세계로 돌아 갈 시절 아니던가

나즈막한 시골 뜨락에서 운수납자

선택,

그리고 입 속에 매화가 피었다

함종임 시집

선택 그리고 입 속에 매화가 피었다
Attractive mission to my select

2025년 2월 26일 인쇄
2025년 2월 28일 발행

지은이 / 함종임
발행인 / 홍명수
출판등록 / 강릉2007-5
발행처 / 성원인쇄문화사
편집 / 최영준

25572 강원특별자치도 강릉시 성덕포남로 188
Tel (033)652-6375 / Fax (033)652-1228
E-mail 6526375@naver.com

* 잘못된 책은 바꿔 드립니다. 값 20,000원

ISBN 979-11-92224-43-5(03800)

저작권법에 의해 보호받는 저작물이므로 저자와 출판사의 동의없이
내용의 일부를 인용하거나 발췌하는 것을 금합니다.